礼敬真德秀

甘跃华 著

真希元像

中共浦城县委宣传部
浦城县朱子文化研究会 编

海峡出版发行集团
THE STRAITS PUBLISHING & DISTRIBUTING GROUP
福建人民出版社

图书在版编目（CIP）数据

礼敬真德秀 / 甘跃华著. -- 福州 : 福建人民出版社, 2025. 3. -- ISBN 978-7-211-09775-3

Ⅰ. B244.99

中国国家版本馆CIP数据核字第2025U93C51号

礼敬真德秀

LIJING ZHEN DEXIU

作　　者：甘跃华
责任编辑：林　顶
美术编辑：白　玫
责任校对：李雪莹
出版发行：福建人民出版社　　电　　话：0591-87604366(发行部)
网　　址：http://www.fjpph.com　　电子邮箱：fjpph7211@126.com
地　　址：福州市东水路76号　　邮　　编：350001
经　　销：福建新华发行（集团）有限责任公司
印　　刷：福建新华联合印务集团有限公司
地　　址：福州市晋安区福兴大道42号
开　　本：787毫米 × 1092毫米　1/16
印　　张：17
字　　数：204千字
版　　次：2025年3月第1版
印　　次：2025年3月第1次印刷
书　　号：ISBN 978-7-211-09775-3
定　　价：68.00元

目　录

中篇　一代大儒真德秀

下篇　一代君子真德秀

绪 论

真德秀是个美男子——《宋史·真德秀传》记载：“长身广额，容貌如玉。”

真德秀是个天才——《宋史·真德秀传》记载：“四岁受书，过目成诵。”

真德秀是位著名理学家——《宋史·真德秀传》记载：“德秀晚出，独慨然以斯文自任，讲习而服行之。党禁既开，而正学遂明于天下后世，多其力也。”

真德秀是一代贤臣、一代大儒、一代真君子。

为子——真德秀敬父尊母，行孝至诚；为父——真德秀慈心严行，言传身教；为师——真德秀爱生如子，桃李芬芳；为官——真德秀鞠躬尽瘁，为民造福；为学——真德秀力明

正学，著作等身；……

历史天空，群星璀璨——真德秀是独具光芒的一颗！

历史长河，浪花飞舞——真德秀是晶莹剔透的一朵！

一

真德秀（1178—1235），本姓慎，因避宋孝宗赵眘的讳，改姓真。字景元，更字希元，号西山，世称西山先生，福建浦城长乐里（今仙阳镇）人。

真德秀祖居浙江龙泉西乡木岱口，父亲真嵩喜爱浦城长乐里迁阳（今仙阳）山水佳美，遂迁居于此。

真德秀出身寒微，周密曾云：

真文忠公，建宁府浦城县人，起自白屋。

真德秀父亲真嵩，是一个具有一定文化水平的人，真德秀童年即由其授书。据魏了翁《西山真文忠公墓志铭》记载：

公（真德秀）四岁，知孝敬王父。赠公嵩教之读，过辄成诵。

清乾隆二十九年（1764）真采《真西山年谱》也载：

公四岁，父嵩授之书，已能过目成诵。

关于真德秀母亲吴氏，陈宓《挽吴太夫人》中告诉我们，真母“早出勋名裔”。吴家先祖是会稽（今浙江绍兴）人，唐时为官谏议，为避战乱，徙居括苍之龙泉（今浙江龙泉）。自唐以后，子孙登进士第有十余人。吴氏生于绍兴十七年（1147）正月，嘉定十三年（1220）六月去世。

陈宓《祭真右史母吴令人》记载：

早为义妇，晚为慈弱，教子为儒。

据孔硕《真太母吴太宜人墓志铭》载，真德秀有兄弟四人。老大真德新，早殇。真德秀排行第二。老三真德辉，岳阳司理。老四真德象，迪功郎，敕书安抚司机宜文字。而刘克庄《西山真文忠公行状》提及其有一弟真德林。有两个姐妹，一个嫁给进士黄荣仲，一个嫁给萧颍仲。

真德秀夫人杨氏，淳熙九年（1182）出生，小真德秀4岁，嘉定四年（1211）去世。

真德秀有一子一女。嘉定十七年（1224）十二月十六日，真德秀在潭州任上，被任命为中书舍人兼侍读，请假一个月回乡祭扫父母，至宝庆元年（1225）二月初十才抵达浦城，途中女儿去世。

儿子真志道，开禧三年（1207）出生。真志道颇有才华，诗、画均佳。刘克庄为真志道的诗卷作题跋，称赞道：

予友真君仁夫之诗，绝去尘秽，刊落冗腐，简淡而微婉，轻清而虚明。有唐人、半山之思。

刘克庄是南宋著名诗人，他这样赞颂真志道的诗，可见真志道的诗水平确实不凡。

刘克庄又在《题真仁夫画卷》中，称赞他的画：

草木黄落，水云苍茫，孤舟卸帆，冻雁失行。

可见此画的艺术感染力颇强。

真志道荫补承奉郎，真德秀去世时，新监南剑州税务，累迁户部少司农、户部侍郎。

二

纵观真德秀的一生，大致可分为求学、为官、讲学著述和再官四个时期。

（一）求学时期——淳熙五年（1178）至庆元五年（1199）

真德秀自小聪颖笃学，四岁时已经能背诵文章，七岁能文。史书记载：

入小学，夜归尝置书枕旁，灯膏所熏，帐皆墨色；群儿休沐聚戏，公并记其书卷，兼熟之矣。

真德秀上小学时就养成了勤于读书的好习惯，他常常熬夜苦读，以至于床上的幕帐被灯油熏黑了都无所察觉；其他儿童休息或玩耍嬉戏时，他仍手不释卷，直到对书上的内容烂熟于心。

史书记载：

十五而孤，母吴氏力贫教之。同郡杨圭见而异之，使归共诸子学，卒妻以女。

真德秀 15 岁时，他父亲不幸去世，母亲吴夫人在穷困中操劳家计，含辛茹苦，抚养其成长，并为他提供读书学习的机会。同乡人杨圭看见真德秀容貌出众，谈吐不凡，实属可造之才，于是把他带回家中，和自己的孩子一起学习，后来还把女儿嫁给了他。

庆元二年（1196），19 岁的真德秀第一次进京赶考。因家里贫穷，靠母亲辛苦织布和自己边读书边种出的秋粮卖得几个钱，便背起包袱，担起书担，带上粗干粮，匆匆北上赶考，终名落孙山。

对此，真德秀曾有回忆：

忆余初贡于乡，家甚贫，辛苦经营才得钱万，囊衣笈书，疾走不敢停，至都则已惫矣。

庆元五年（1199），真德秀再次踏上赶考旅途，在乡亲们的帮助下，真德秀凑足了较为充裕的经费，雇了一辆马车，提早赶赴京城，养足精神，再进考场，高中进士。

对此，真德秀也曾回忆说：

比再举，乡人乃有为所谓“过省会”者，始舍徒而车，得以全其力于三日之试，遂中选焉。

这年，双喜临门，真德秀和杨圭双双考中进士，成就了闽北有名的“女婿和岳父同中进士”之美谈。

（二）为官时期——庆元五年（1199）至宝庆元年（1225）

庆元五年（1199），真德秀被授南剑州军事判官。真德秀任判官时，知州是叶筠，亲民爱民，甚有德政。叶筠离任时，僚吏对他很怀念，纷纷写诗赞美他。他们认为真德秀深知叶筠，友谊深厚，请他为这些送行诗作序。真德秀当仁不让，高兴地写下《送叶守行诗序》。

宋代科举考试科目中有一个“博学宏词科”。考试上等除京官除馆职，中等减三年磨勘，即官员考绩升迁可比规定的年限减少三年，下等减两年。考中这科的进士，都是学问辞章出类拔萃的人物。

开禧元年（1205），28岁的真德秀向礼部投状，请求参加博学宏词科的考试。每科录取名额一般三五人，真德秀一试即中。宋宁宗还下圣旨，在真德秀的出生地迁阳镇镇安庙前建“宏博坊”。

真德秀中博学宏词科后，即调入福建安抚使萧逵麾下任幕僚，协助萧逵办理政务。

真德秀第一次入朝任京官，在开禧三年（1207），官职为太学正。在太学正的岗位上，真德秀遇到了两位得意门生，一个是福建建阳人宋慈，宋慈是法医鼻祖，著成《洗冤集录》，是世界上最早的法医专著。第二个是著名词人莆田人刘克庄。刘克庄与真德秀交往最多，真德秀为官期间许多文书都由刘克庄代拟。刘克庄还代真德秀作遗表，为真德秀写了长长的行状。

嘉定元年（1208），真德秀由太学正升任太学博士，担任礼部点检试卷官。嘉定元年四月十九日，真德秀第一次轮对，当廷发表政见，

有《戊辰四月上殿奏札》一、二、三。

嘉定六年（1213）二月初七，真德秀官拜起居舍人。当时史弥远操纵台谏，控制言路，真德秀多次上书抨击弊政，激怒史弥远，于是被命差充金国贺登位国信使。十一月，真德秀行至盱眙，恰逢金都大乱，道路不通，滞留边境两月而返。期间，真德秀遍观两淮山川形势，咨访军民疾苦。

嘉定七年（1214）春正月，真德秀返都。

嘉定八年（1215），真德秀任江东转运副使时，适逢江东九郡发生十分严重的旱蝗灾害。真德秀从容应对，采取积极有力的措施，使江东九郡灾民安然度过了此次旱蝗大灾，充分展现了他在救灾方面的杰出才华。

嘉定十年（1217），真德秀到任泉州知州后，惩治海盗，巩固海防，保证了当地百姓的安居乐业。

嘉定十二年（1219）七月初四，朝廷任命真德秀为集英殿修撰，知隆兴府（今所在南昌市），兼江南西路安抚使。

嘉定十六年（1223），46 岁的真德秀丁母忧后，以秘阁修撰的官衔出任江南东路转运副使之职，到潭州（今长沙）任职。真德秀在潭州，以“律己以廉，抚民以仁，存心以公，莅事以勤”四条勉励、警诫各级官员。

（三）讲学著述时期——宝庆元年（1225）至绍定五年（1232）

宝庆元年（1225），真德秀因身体有疾病提出辞官，奉祠。次年二月辛卯，真德秀受权相史弥远及其党羽的打击，终被褫职罢祠，诏削二秩，回乡赋闲。

真德秀降职回到浦城，在城西梦笔山麓购地数亩，建“梦笔山房”。宝庆二年（1226），真德秀在浦城粤山下建新居，当年九月落成。绍定四年（1231），真德秀在新居南向建“共极堂”，为书斋取名“学易斋”。

闲居期间，真德秀的学问精进，他的两部最著名的著作也都是在这期间完成的。梦笔山房建成后，真德秀与门人刘克庄、汤汉、徐华老等夜以继日续修《读书记》。真德秀还完成了《文章正宗》的编纂。

（四）再官时期——绍定五年（1232）至端平二年（1235）

绍定五年（1232），真德秀被起知泉州，进官徽猷阁学士。绍定六年十月二十四，史弥远病死，理宗亲政，便将史弥远亲信袁韶、李知孝、梁成大等加以贬降，命洪咨夔、王遂为监察御史。十一月二十八日，礼部郎中洪咨夔奏请召真德秀、魏了翁入朝。于是，真德秀任知福州、福建安抚使。

端平元年（1234）四月，真德秀被任命为户部尚书。九月到临安后，改任翰林学士兼侍读。在入见时，宋理宗为了表示对他的欢迎，亲自起身迎接，并说：

卿去国十年，每切思贤。

真德秀以《大学衍义》进，受到理宗的嘉纳。

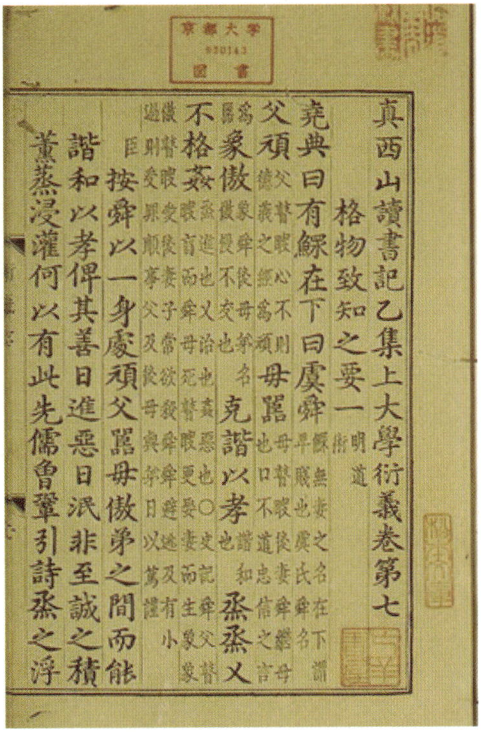
真西山讀書記乙集上大學衍義卷第七
格物致知之要一 明道術
堯典曰有鰥在下曰虞舜
父頑 母嚚
象傲 克諧以孝烝烝乂
不格姦
臣按舜以一身處頑父嚚母傲弟之間而能
諧和以孝俾其善日進惡日泯非至誠之積
薰蒸浸灌何以有此先儒曾鞏引詩烝之浮

端平二年（1235）三月，真德秀奉命知贡举，随即升任参知政事，但他当时已病重，未及有所作为，即于四月罢政，以资政殿学士、提举万寿观兼侍读闲居养病，五月甲午日（二十日），真德秀病逝，享年59岁。

三

真德秀病逝后，赠银青光禄大夫，谥“文忠”。八月，其子真志道运柩回乡，敕葬浦城孝悌里株林山（今属莲塘乡岩处村）。真德秀墓现为省级文物保护单位。

宋嘉熙三年（1239），配祀朱熹；明正统二年（1438），从祀孔庙；成化三年（1467），追封“浦城伯”；清康熙四十五年（1706），御赐“力明正学”牌匾。

上篇

一代贤臣真德秀

贤臣，指贤明的臣子。中国历史上杰出的贤臣代表有伊尹、周公、管仲、诸葛亮等。

真德秀披肝诤谏

真德秀走上官场后的第一次“轮对”，便是最雄辩、最有说服力的明证。

轮对，又称次对，是宋朝一种制度，就是指当面向皇帝发表政见。这项制度始自宋太祖，他常令百官轮流当面向他奏时，指陈时政得失，举述朝廷急务，凡事关利害者，许以极言，其后成为定制。

让我们把历史镜头缓缓回放，还原当时真德秀的形象。

嘉定元年（1208）四月十九日，真德秀第一次轮对，当廷发表政见。

当时的真德秀激动之情难以言表，他决心紧紧抓住这个机会，把自己的真知灼见上达天听。风华正茂、血气方刚的真德秀审时度势，深思熟虑，奋笔疾书，向皇帝献上《戊辰四月上殿奏札》一、二、三。

朝堂上，仪表堂堂的真德秀，声音响亮，引经据典，侃侃而谈，披肝沥胆，直言诤谏。虽然是初出茅庐，但真德秀对时局却有着独到的思考、清醒的认识。

自从政之后，真德秀胸怀忧国忧民之志，竭诚于职守，热切希冀能够使内外交困的宋王朝重振雄风。他是当时少数头脑清醒的大臣之一。真德秀的治国方略主要是用理学思想为指导，以期正君心，服民心。在对待北方金人的侵略上，真德秀虽然反对纳贡称臣，但又主张要面对现实，不应急于征讨，而应该首先巩固内部，实行自治自守的政策。在当时的形势下，南宋小朝廷确实已面临日暮途穷的处境，根本谈不上恢复故疆。真德秀鉴于韩侂胄贸然出兵北伐惨败的教训，主张清除腐败，严肃政纪，收服民心。

客观来说，真德秀的这些主张，对于当时处于危势的南宋王朝来说，不失为正确的决策。

嘉定元年（1208），南宋和金国签订了和议，史称“嘉定和议”。

宋宁宗时，宰相韩侂胄专权，定理学为伪学，受到当时不少士大夫的攻击。宋宁宗开禧二年（1206）四月。韩侂胄抱着“立盖世功名以自固”的私心，发动“开禧北伐”轻敌冒进，同时，由于四川吴曦叛乱，使得前线攻势迅速土崩瓦解。韩侂胄自己也在开禧三年十一月被朝中反对派杨皇后、史弥远、杨次山等人合谋诛杀。随后，南宋应金国要求开棺取下韩侂胄的头颅，并送至金国，才促使达成和议。

“嘉定和议”主要内容是：宋金关系从隆兴和议的叔（金）侄（宋）关系，改为伯（金）侄（宋）关系。宋纳给金的岁币由每年银 20 万两、绢 20 万匹分别增加为 30 万两、绢 30 万匹；宋给金犒军钱 300 万两。金归还新侵的土地，双方维持原来的疆界。

真德秀首次入对，就上殿奏三札：首言和议不可恃，修德行政乃实务；次言朝廷勿以好名、好异困沮善士学子；再言严选狱官，察民隐、恤民命。

第一札中，真德秀奏道：

政事方修，而懈弛之形已露。正人虽进，志未获伸；言路虽开，忠罕见用。臣愿陛下以通和讲好为权宜，以修德行政为实务。

权臣开边，南北涂炭，今兹继好，岂非天下之福？然日者行人之遣，金人欲多岁币之数，而吾亦曰可增；金人欲得奸人之首，而吾亦曰可与。往来之称谓，犒军之金帛，根括归明流徙之民，皆承之惟谨，得无滋嫚我乎？抑善谋国者，不观敌情，观吾政事。今号为更化，而无以使敌情之畏服，正恐彼资吾岁赂以厚其力，秉吾不备以长其谋，一旦挑争端而吾无以应，此有识所为寒心。

真德秀认为，在嘉定和谈中，朝廷对金人的威胁、讹诈一味退让，不能使朝廷立威，会引来后患。他很有远见，提醒皇帝不要安于暂时的和平，应该看到其中隐藏的祸患和危险，应该提高警惕，思图振救之法。

第二札中，真德秀认为，振救祸患的根本之法就是崇尚理学、奉行正道。他接着说：

侂胄自知不为清议所容，至诚忧国之士，则名以好异，于是忠良之士斥而正论不闻；正心诚意之学，则诬以好名，于是伪学之论兴而正道不行。今日改弦更张，正当褒崇名节，明示好尚。

真德秀认为，韩侂胄制造“庆元党禁”，禁止理学，迫害理学人士，使正道不行。真德秀趁宁宗有改弦更张之意，劝其重兴理学，重建理学秩序，以正人心，定国是，转移风气，矫正士习。

第三札中，他对“典狱之官未尽其人”非常忧虑，认为狱官事关人命，他建议：

愿陛下念仁政之当先，轸民命之至重，明诏铨曹自今差注狱官非进士任，并历官无过与关陞及格之人，不许充选。

真德秀劝导皇帝要施仁政，关心民间百姓疾苦，要选拔任用德才兼备之人才。

真德秀的三札，表明自己的政治观点，皆恳切务实之言，是为道学正名之开始。这些言论在很大程度上代表一些正直士大夫的心声，

所以引起很大反响。

真德秀以修身齐家治国平天下为己任，热切希望能够使内外交困的宋王朝振作起来，富强起来。所以，他紧紧抓住这次轮对的机会，赤诚大胆地提出自己的看法和建议，充分体现了他为国分忧、为民请命的博大胸怀，同时，也体现了一个政治家的远见和担当。

真德秀就是真德秀，在以后的为官道路上，他一如既往地保持着勇于直言的风格。

嘉定三年（1210）四月，真德秀升为秘书郎，仍兼学士院权直。秘书郎为秘书省秘书郎简称，掌管分类储藏与抄写、刊刻图书。官阶由从八品升为正八品。

这年六月十五日轮对时，真德秀又上殿奏二札。

第一札中，他直言：

> 自柄至撞进，导致言成风。更化以还，余习未趁。

他当着皇帝的面，要求最高统治者广开言路，倾听正人端士的意见，制止邪说歪道，以抑制小人之势；还说要选良牧、励战士，防备内乱，稳定大局。

第二札中，真德秀指出，公议存于人心，尽管有权势的人可以暂时颠倒是非，然而最终为世人不容。真德秀把公议提到天理的高度，公议存于人心，公议就是民意。

真德秀恳切规劝皇帝说：

> 用人立政一以天下公议为主，而不累于好恶偏党之私，尽公极诚如对上帝，则天人胥悦，治效可期，海内之幸也。惟陛下留神，反覆愚臣之言。

真德秀解释说：天之聪明在民，天之明威在民，民之所在即天心也。

在真德秀的为官历程中，诸如此类的事例，不胜枚举。

黄粱富贵百年短，青史是非千载长。

在中国长长的历史画卷中，真德秀直臣、诤臣形象，宛若一幅傲骨嶙峋的山水画，挺然立世，栩栩如生。

真德秀江东救灾

嘉定七年（1214）十一月二日，朝廷任命真德秀为秘阁修撰、江东转运副使。

秘阁修撰职，宋政和六年（1116）置，为贴职官（以他官带职名者，称贴职官）。转运使，别称漕臣、漕司、漕台、漕吏等。江东转运副使，为江南东路转运副使的简称。

江南东路，辖境相当今安徽、江苏两省的镇江、大茅山、长荡湖一线以西，长江以南及江西省鄱阳湖以南，辖建康（治所在今南京）、宁国（治所在今安徽宣城）两府。徽（治所在今安徽歙县）、池（治所在今安徽池州）、饶（治所在今江西鄱阳）、信（治所在今江西上饶）、太平（治所在今安徽当涂）五州及南康（治所在今江西星子）、广德（今属安徽）两军，是比较富庶的地方。

其时，适逢江东九郡发生十分严重的旱、蝗灾害，给老百姓的生产和生活带来了极大的灾难。真德秀面对其时其景，虽然内心十分沉重，但他从容应对，采取积极有力的措施，使江东九郡灾民安然度过了此次旱蝗大灾，充分展现了他在救灾方面的杰出才华。

真德秀秉承脚踏实地、真抓实干之工作作风，一到任，他便斩钉截铁地表态：旱、蝗二灾疯狂肆虐，百姓生活水深火热，赈灾救民为第一要务，我们务必全力以赴。

于是，他顾不上安顿小憩，就马不停蹄地到各州县调查，了解灾情。

当时的情况是，江东除饶、信两州雨颇多之外，其余建康、太平、宁国、池、徽五州府及南康、广德两军，都是：

原野莫非赤地。

蝗虫飞泊芦苇间，绵亘十数里，遂入府城，皆由东北而来，蔽天障日。

也就是说，当时的灾情十分严重。由于久不下雨，赤地千里；又由于蝗虫泛滥，绵延十数里，蔽天障日。

真德秀坚持以人为本之原则，因材施用，组织精兵强将，形成几路大军，浩浩荡荡奔赴抗灾第一线。

救灾如打仗，打仗需排兵布阵。真德秀深知这个道理。

有两个人，一个叫李道传，一个叫樵令宪，是真德秀在京城时就结识的旧交，真德秀与二人志同道合，相交甚欢，对于二人的人品道德、智慧才干也深为了解。恰巧，这二人当时都在江东任职：李道传，提举江东常平；樵令宪，提举江东刑狱。

于是，真德秀把李道传和樵令宪叫来，对他们说：此时江东灾情如此严重，你我身为江东父母官，只有齐心协力，以身作则，给百姓作一个表率，还百姓一片蓝天。

经过认真商量、周密筹划，全盘考虑，他们三人形成了一致的意见——真德秀亲自到灾情最严重的广德军、太平州赈灾；樵令宪到饶州、信州、南康军救荒；李道传和其他官员则分配到各州县。

真德秀综览全局，说：我们一定要形成全局一盘棋的工作机制，你们务必要在第一时间把当地情况通报给我，以便我全面了解，全面掌握，统一调度，统一指挥，切实把救灾工作落在实处，切实打胜救灾工作攻坚战。

樵令宪、李道传等看到真德秀决心如此之大，意志如此坚定，随之纷纷表态——我们将紧紧追随真公脚步，不获全胜，决不收兵。

全面部署完毕后，各路人马，斗志昂扬奔赴抗灾赈灾第一线。真德秀更是马不停蹄，日夜兼程，在抗灾前线奋战不息。

三月，真德秀来到宣城。宣城、清流等九乡在上一年就遭遇严重水灾，这年又遇大旱，老百姓实在是苦不堪言。考虑到这种实际状况，真德秀当机立断，采取果断措施，决定暂不征收宣城县九个乡夏税，到秋收才交纳。这一行动举措切实为当地百姓解决了燃眉之急，挣扎在重灾死亡线上的老百姓看到了一线生机。

四月，真德秀又来到江宁。通过深入调查，真德秀了解到，江宁县城南厢以至第三都，原来每年只需缴纳房地役钱六百二十四贯七百二十四文，此外无一毫税赋，后增加折帛钱。至真德秀调查时，已增至三千七十二贯八百五十二文，给老百姓带来了极其沉重的经济负担。为了减少民困，真德秀准备将那些后来增加出来的钱由官府代输。于是，他写下《奏乞为江宁县城南厢居民代输和买状》，会同安抚司上报朝廷。五月二十九日奉旨，得到批准。

为了使朝廷拨米能迅速分发到灾民手中，真德秀作《申上书省乞截拨宁国府等上供米》。当时，朝廷同意拨米五十万石，但要从镇江、建康转般仓拨发。宋代实行转报法，就是各地上交的漕粮要运至转般仓（卸纳漕粮的仓库），再换船运至京师。而灾区宁国等处有应上供米二十九万石，根据制度，有关部门催督将宁国上供米运到镇江转仓，宁国等州又是赈济去处。因此，真德秀奏请宁国等州上供米不运到转般仓，将上供米就地分拨赈灾，既能使灾民得到及时救济，又免两次往来运输，浪费耗折及运输费用。

奏折中所提的两件事——截留皇粮；动用国库。这是有政治风险的举措，稍有不慎，将前途堪忧，甚至性命难保。

但真德秀一心系民，果断上奏。对于这一点，真德秀是深有考量的，所以，真德秀在另一篇奏本上说：

干冒威严不胜。

俯伏俟罪之至。

真德秀说，我所做的这一切，全都是为了救灾，为了百姓利益，不存在一丝一毫的私心杂念，如果由此冒犯天威，我甘愿承受一切惩罚。话说至此，可以看出，真德秀是在用身家性命来赌数万百姓的安危。

为了获得更好的救灾效果，真德秀还提出了相临各路应相互帮助、促进救灾物资流通的横向救灾措施。

由于旱、蝗灾害严重，粮食成了最重要的救灾物资，只靠政府调拨的赈灾粮已经很难应付，再者，由于受灾范围较广，本路各州县也无力赈济。因此，需要大量买进相临诸路的粮食，而这些路却想尽办法遏制粮食流通，加收重税。因此，真德秀上疏，要求朝廷命令其不得阻遏粮食流通，最终获准。

真德秀在此次赈灾过程中，镇定指挥，调度有序，身体力行，群策群力，他所采取的“提前赈给”“赈灾官吏严守职责”“临郡应互相帮助”等赈灾方略，措施得力，行动及时，落实有效，为江东抗灾救灾工作取得胜利做出巨大贡献。

真德秀在广德军救灾任务完成后，深受其恩的百姓，从心灵深处爆发出了对真德秀的浓浓感恩。

《宋史》载：

竣事而还，百姓数千人送之郊外，指道傍丛冢泣曰：“此皆往岁饿死者，微公，我辈已相随入此矣。”

意思是说，当真德秀离开时，百姓数千人送他至郊外，有人指着

路边的墓冢，热泪盈眶地说："这里面埋葬的都是以往饿死的人。真大人，如果没有您，我们也和他们一样，相随入此墓穴了。"

其时，真德秀也感动得热泪盈眶，他双手抱拳，向百姓致意，说："这是我的本职，这是我的份内，如果不如是，我何以面对江东父老？"

对于这次真德秀江东救灾，孔妮妮《真德秀研究》一书中给予这样的评价："江东百姓受益者数以万计，大规模的骚乱得以避免。"

真德秀任职江东时，还很年轻，只有 37 岁。但是，他率先垂范，勇于担当，为国分忧，为民解难，一番作为下来，用事实证明了他的为民精神和为政才干。

真德秀首知泉州剿海盗

嘉定十年（1217），真德秀到泉州任知州。

在通常人眼中，真德秀应该是一个文质彬彬、满口之乎者也的文弱学者。殊不知，实际上，这是我们对真德秀的一种误读。现实中的真德秀，身材魁梧，貌若潘安，是一个标准的美男子。

面貌如玉的真德秀，也是一位学富五车的大儒。不过，更为难能可贵的是，真德秀不仅仅是一个美男子、一位大儒，在他的骨子里还溢满着一腔冲天豪气，书生意气中也兼具了统兵治军的杰出才能。

真德秀到泉州后，发现海盗猖獗，商贸凋落，百姓深受其害，一座原本美丽繁荣的城市，一片破败凋弊。见此情形，真德秀下定决心——一定要坚决惩治海盗，巩固海防，保境安民。

嘉定十一年（1218）四月二十九，来自温州的海盗十分猖獗，居然大白天跑到泉州海港抢劫。得知这一消息后，真德秀义愤填膺，大手一挥，大声吼道：“坚决打击，毫不留情！”

真德秀火速调遣左翼官兵，同时调集晋江、同安管辖下一些岛屿的民船前去抓捕海盗。

为了激发官兵们的出征积极性，鼓励大家英勇奋战。出兵前，真德秀经过深思熟虑，制定了严格的奖惩标准，并亲笔写信给各位将领，

告诉他们说，如果能擒获海盗，除了有财物重赏外，还将上报朝廷，给予封官加爵；对于在战斗中英勇牺牲的将士，将向朝廷申请优恤家属，对子弟入仕提供优惠政策。

有了这些激励，再加上这些海防将士平日受够了海盗的飞扬跋扈，心中早就憋着一肚子的气了。所以，在真德秀的激励下，大家群情激愤，斗志昂扬，奋勇出征。

这天，官兵驾驶4艘战船，引领水军418人；烈屿岛的守领方知刚、林枋等人则调遣民船36只，共有乡兵462人；再加上岭兜总首王行己的4艘船共60位乡兵，打起了一场官民一心的人民战争。

在苍茫的大海上，乌云滚滚，战鼓震天，喊声如雷，官民们将海盗团团围住，一个个无所畏惧，奋勇当先。海盗从未见过这么不怕死的战士，更从未经历过如此惨烈的场面，被打得落花流水，一败涂地。

其间，有一位叫王大寿的拨发官格外骁勇，他砍杀了几十名海盗，最终因刀伤流血过多而英勇牺牲。平日里嚣张惯了的海盗们从未见过这样的架势，狼狈逃窜，他们慌不择路，逃到漳浦境内一个叫沙淘洋的地方，官民追捕船只赶上。在海上激战了整整14个日夜后，官兵们顺利抓获了海盗头子赵希郤、林添二、陈百五和蔡四郎等四人，林从五等117个盗徒也被捕，同时救回被掳走的11位女子，漏网的少数海盗从此再也不敢靠近泉州海岸一步。

半月之间，整个泉州港海面又恢复了宁静。

真德秀是一个一诺千金、言出必行的真君子。

沙淘洋大捷后，真德秀开了个热热闹闹的庆功大会，面对一大片兴高采烈的人群，真德秀激情昂扬，响亮发声："军民们，我们胜利了！"

紧接着，真德秀声情并茂，赞扬了将士们的英勇无畏，表彰了军民们的同心同德。无论官民，真德秀一律论功行赏。同时，真德秀还

一一抚慰牺牲战士的家属，并把立功将士名单上奏朝廷，为他们请功。

真德秀还是一个具有战略眼光的人。

海面虽然暂时平静了，但是，真德秀并没有放松警惕，他仍心系海防，亲自到宝林、法石、永宁、围头等寨子察看周围地形。泉州的海防不牢，真德秀是早就有心理准备的，但此行还是着实让他心惊肉跳了一番。宝林寨离泉州城近、离海岸线远，城内又有大量驻军，形势比较好；而围头寨远离泉州城达 120 余里，是南北过往船只必当停泊的地方，又与泉州港的一个重要支港石井港相通，可达石井（现在的晋江安海），地形至关重要，而之前却没有采取任何措施加强防守；法石寨虽然屯有水军 120 余人，但就海防要冲来看，兵力又配备得太少；永宁寨的步兵是水军的好几倍，更是本末倒置。再加上各寨军兵，以老弱病残居多；大军的战舰只是刚好够用，其余这三个寨子，战舰一艘也没有，徒有舟师之名，而无舟师之实；至于各寨营房，更是倒塌的倒塌，漏雨的漏雨，特别是武器设备，全是些生锈或是卷了刀边的，甚至连这样的刀枪人手都没有一副。如此境地，如何叫将士们有士气、有斗志，又如何抵御海盗，保百姓平安呢？如不逐一整顿，到时必定误事。看到这一切，真德秀十分痛心着急。

于是，真德秀重新做了部署：从宝林寨的 300 名水军中拨出 200 名，其中 70 名用于加强法石寨，50 名给永宁寨，80 名给围头寨；宝林寨腾出的房屋转给步军居住，以加强城南防务；法石寨原屯兵 126 名，加上从宝林调来 70 人，再招收艄公、碇工共 200 人，添造房屋 90 间；把左翼大军的甲、乙、丙 3 艘战船移给法石寨，原来规定储藏在左翼大军的武器设备改为由法石寨储藏，以备随时出海捉捕盗时用。永宁寨原有水军 50 人，老弱的步军 100 人，再从宝林拨来健壮兵 50 名，合成水军 100 名，又将原来的 100 名水军调 50 名给宝林寨，再新建营

房70间，加强了这海湾要害之地，并增屯札寨，使得泉州海防面貌一新。

真德秀为什么会到泉州任知州呢？这是有原因的。

泉州是今日福建省历史文化名城之一，拥有悠久的历史和丰富的文化底蕴。宋元时期，泉州一度成为世界第一大港，是古代“海上丝绸之路”的重要港口。

史料记载，宋宁宗庆元（1195—1201）以前，泉州还处于“田赋登足，舶货充羡”的状态，但后来，泉州却开始走下坡路了。什么原因呢？主要是，寺院田产、官田、公田被大家巨室所侵占，豪商大贾囤积居奇。还有，州县长官却无视现状，常预借年税，甚至重催已纳之税，搞得民众“嗷嗷于鞭扑之苦”。此外，还有一个重要原因，就是海盗出没频繁，民间交易骤降，港口发舶数量大幅减少。

宋宁宗看到这种情形，内心很是着急，他要挑一位能够救泉州于危难之能臣前往救火。经过千挑万选，他挑中了一个人，这个人就是——之前担任江东转运副使时已有“德政亲民”之名的真德秀。

所以，真德秀临危受命，重任在肩，风尘仆仆赶到泉州上任来了。

当然，打击海盗，仅仅是真德秀知泉州的一项功绩，除此之外，他还尽职尽责，在这片土地上做了许多利国利民、流芳千古的实事好事。

领守泉州，非同小可。真德秀丝毫不敢怠慢，到达泉州后，真德秀迅速开展摸底排查，掌握了泉州海外贸易中存在的问题，以及泉州吏治方面的诸多弊端，一些犀利的革新想法逐渐在他的脑海中成形。

常言道：沉疴下猛药。为了让泉州蜕变，真德秀定下一系列“泉州规矩”，彻底改变了当时的营商环境。他的治郡措施，简而言之就是：罢和买、禁重征，抑制腐败，礼遇番商；打击海盗，整顿要塞，巩固海防；注重教化，发展生产，惩奸除暴。经过真德秀大刀阔斧的治理，泉州面貌发生了巨大的变化，尤其是海外贸易得到了很大发展。原先，每年至泉州的海舶船数仅三四艘，真德秀在泉州的第一年，外来海舶船数增至 18 艘；第二年 24 艘；第三年则达 36 艘。此外，与泉州交往的国家和地区从开禧元年（1205）的 31 个达到宝庆元年（1225）的 58 个。

泉州人民是感恩的。

据资料介绍，宋时，在泉州府治东边有先贤祠，初祀四公：

唐相国常公衮、四门欧阳公詹、宋龙图柯公述、宝学刘公子羽。

后来增祀郑侠，变成五贤祠。南宋绍定年间，教授郑璜更立新祠于文庙之东，增祀至 23 人。真德秀卒后，“邦人复绘像增祀焉”，为 24 人。

另据道光本《晋江县志·学校志》载：

嘉靖三年，守高越以名宦、乡贤合祀于育英门西之六贤守祠。六贤守谓：宋蔡襄、王十朋、真德秀，明胡器、尹宏、欧阳复。

入列名宦祠、六贤守祠，是泉州人民对真德秀最崇高的致敬，更是泉州人民对真德秀最丰厚的奖赏。

真德秀隆兴调查研究

嘉定十二年（1219）七月初四，朝廷任命真德秀为集英殿修撰、知隆兴府（今所在南昌市），兼江南西路安抚使。

真德秀任知府的隆兴，在江西省北部，赣江下游，东北临鄱阳湖。治所在南昌，南昌之名寓“南疆昌大，南方甚盛”之意。其先后为江州、洪州的治所，直到隆兴元年（1163），以年号将洪州升为隆兴府，始有隆兴之名。真德秀任职隆兴时、辖县有八：南昌、新建、奉新、丰城、分宁、武宁、靖安、进贤。

到了隆兴后，风尘仆仆的真德秀保持他一贯的工作作风，马不停蹄地跑到民间，开展深入细致的调查研究工作，从而掌握第一手材料。

刚到隆兴的前两个月，真德秀没有坐在官衙的办公室内当官做老爷，他每天黎明即起，简单早餐后，便披着满身的晨雾走向田间地头，向农户打听农业生产情况，比如：家里有几个劳动力呀？今年种了多少亩地呀？年成好不好呀？有时，甚至脱下鞋子，挽起裤脚，跳入田里，一边帮助老百姓劳作，一边和老百姓聊家常。晚饭后，他也不休息，还是走出门去，走东家，入西家，继续深入民间，访贫问苦，了解社情民意。

经讨两个月的深入调杳研究，真德秀发现，当时的隆兴，社会上存在着严重的害农现象，具体总结起来主要有三个方面：一是不时征发平民的财物和劳役；二是无缘无故地追扰平民；三是夏秋租税已经缴纳，而又重征。

真德秀是一个雷厉风行的人，他发现了问题，便必定要切实地去解决问题。他说：“劝农而不知去害农之处，只是一纸空文。”

这句话，表明了真德秀扎实、务实的工作态度。真德秀说，社会上既然存在严重的害农现象，作为父母官的我们，如果没有一头扎进实际工作中去，不去实实在在地除害根治，而只是空喊几句冠冕堂皇的口号，下发几页不切实际的文件，那就对不起自己的良知，那就对不起百姓。

随即，真德秀制定了十条禁令约束害农行为，并再三叮咛官吏必须严格执行落实。真德秀坚定地表示：

自今以往盗贼之殃汝，吾为汝除之；豪猾之侵汝，吾为汝戢之。一害尚存，太守断不敢自安，使尔农有愁叹之苦。

这段话实际上也可看作是真德秀的为官誓言。他向老百姓保证：如果有盗贼作案，我一定为你们消除；如果有不法之徒侵扰，我一定为你们捉拿。我作为隆兴知州，当官不能为民做主，为民除害，那就是我的最大失职。假设如此，我一定会寝食不安的。

真德秀自然不是一个只凭嘴上工夫的假君子，他向老百姓立下的执政政策，一件件、一条条得以落实。经过真德秀的整治，隆兴出现了清明太平的美好景象。

真德秀除了制定十大禁令，约束害农行为，还专门撰写诗文，对百姓进行劝诫谕导：

亦宜尽力以务本，谨身以节用。与其怠惰而饥寒，何如勤苦而温饱。与其奢侈而困穷，何如俭约而丰足？有子弟当教之以教义，有妇女当课

之以蚕织。兄弟宗族恩义至重，不可以小利致争。乡党邻里缓急相须，不可以小忿兴讼。喜争斗者杀身之本，乐词讼者破家之基。赌博乃偷盗之媒，耽酒是丧身之渐。凡此数种，为害至深，必致祸败。

真德秀用言简意赅、明白动听的语句，向百姓讲解日常生活的普通道理。他劝谕大家说，要以务农为根本，足食才丰衣；要勤俭持家，勤为传家之宝；要教育好小孩，要让小孩子懂事理；家庭主妇要做“贤内助”，家和万事兴。兄弟之间要团结，邻里之间要和睦，赌博有万害而无一益，喝酒要有节制……

真德秀还语重心长地对大家说，希望你们把我的这些话语，向家人、邻里以及更多的父老乡亲进行广泛宣传，让大家不但熟记，还要努力做到，只有这样，家庭才和睦，邻里才友爱，社会才安定。

真德秀对金入侵心怀忧惕。他到江西后，非常重视治兵之事，但当时很多官吏漠然，麻木不仁，认为江西是内地，可凭仗宽阔的滔滔长江天险；说及武备，就讥笑地说，不必多虑；说到长江江面的事，就被指为过忧；缮治城堞，则说不必徒费；督责将佐，就说不要多事。

对于这种情况，真德秀有清醒的认识，他认为任帅职，当以治兵为先，而帅江右者，尤其应当以治兵为急务。

真德秀于嘉定十三年（1220）上《奏便民五事状》。后来还据当时江西形势及前任政令松弛的状况，草拟了十一条相关的军政措施：

承宽弛之后，稍济以严。尤留意军政，欲分鄂州军屯武昌，及通广盐于赣与南安，以弭汀、赣盐寇。未及行，以母丧归。明年，蕲、黄失守，盗起南安，讨之数载始平，人服德秀先见。

于此，真德秀明确指出，九江、兴国等沿江州郡皆为军事重镇，练兵备战是江西安抚使的重要职责。

真德秀潭州建“社仓”

度质无私本是公，寸心贪得意何穷。

若教老子庄周见，剖斗除衡付一空。

相传，这是五夫社仓竣工之日朱熹题在仓壁的一首诗，其目的是告诫社仓的管理者不能心生一丝贪念。

社仓，即义仓，是古代为防荒年而在乡社设置的粮仓。关于建设社仓的用途，清代的刘大櫆在《知上犹县方君传》有记载：

建社仓以备荒年，创书院以兴文教。

“朱子社仓”原名“五夫社仓”，初建于南宋乾道七年（1171），为朱熹首创并命名的一个民办社仓，因社仓之址坐落在崇安县五夫里而得名。邑人为了纪念先贤朱熹这个惠民善政，遂改称“五夫社仓”为“朱子社仓”。

朱熹为什么要建“五夫社仓”呢？史载：

乾道戊子春夏之交，建人大饥。

当时这里发生灾荒，朱熹看到这种情况，便与乡人刘如愚共同请求知府拨常平米六百石，从而得以赈济灾民，结果“民得遂无饥乱以死，无不悦喜欢呼”。社仓建好之后，大灾之年，灾民得到救济。所以，大家无不雀跃欢呼，衷心感谢朱熹等人的善德善举。

真德秀是朱熹的私淑弟子，他不仅发扬光大了朱子的理学思想，同时也继承了朱子爱民如子的优良传统。

真德秀在潭州建社仓，便是典型一例。

潭州，也就是今天的湖南长沙。

嘉定十五年（1222）九月初六，朝廷下诏，真德秀以宝谟阁待制知潭州。真德秀于嘉定十六年正月初一前到达潭州，开启了他主政潭州、忠心为民之旅。

真德秀就像是一个救火队员，哪里有灾，他就往哪里赶；哪里百姓有难，他就往哪里奔。

知泉州时，适逢大灾，真德秀救万民于水火。这一年，潭州也遭遇了巨大的旱灾，真德秀又风尘仆仆地来了。

一到潭州，真德秀就毅然表态：在我真德秀治下的地区，绝不能让一个百姓死于自然灾害。

这可不是一句简单的豪言壮话，更不是一句空话、大话、假话。为了实现这个目标，真德秀脚踏实地，一步一个脚印地走出了一条为民请命、为民造福之路。

真德秀走的第一步便是向朱熹学习，建社仓。

真德秀深知，自古国以民为本、民以食为天，面对难以避免的灾荒，要让百姓吃上饭吃饱饭，建社仓理所当然，势在必行。因此，作为朱熹私淑弟子的真德秀，想起了朱子当年为官时，建立社仓进行赈灾的好办法。

于是，他便在长沙设惠民仓，在所辖十二县设社仓，各乡则设慈幼仓，储谷九万五千石，平价出仓，从而，有效打开了赈灾救困救民的新局面。

看到抗灾救灾有了一个良好的开端，真德秀疲惫的脸上露出了欣慰的笑容，他高兴地说：

凡置仓之地，虽遇凶岁，人无菜色，里无嚣声。

就是说，凡是建有社仓的地方，虽然遇到大灾害，但是由于建立了赈救机制，百姓便有了基本的生活保障。

建设社仓只是救灾工作的第一步，深入灾区了解情况之后，真德秀特地上书朝廷给予乞免二税。他又选一路僚属，把灾区人户按贫富屯粮划分五个等级，实行甲、乙户出米，丙户自食，丁户供粜米，戊户受救济等政策。同时，上报朝廷，捐公米数十万石，命官吏、公差送米到救济户中。

战争年代，有人发“战争财”，大灾年份，也有人大发“灾难财”。对于这一类社会蛀虫，真德秀毫不手软，绝不留情。所以，真德秀还向朝廷弹劾罢免一批救灾不力、一心却在经营私下生意的官员，特别是那些趁救灾谋取私利、中饱私囊的贪官污吏，如徽州太守林琰、宁国太守张忠恕等藏匿贪污赈济米，大发“灾难财”。真德秀把这些民愤很大的头面人物通通弹劾并罢官。

在潭州，真德秀除了建社仓之外，还在这片土地上，留下了一串串深深的历史足迹。

真德秀在潭州期间，曾把潭州12个县的县令召集起来开会，还专门写了一首《会长沙十二县宰》诗勉励他们：

从来守令与斯民，都是同胞一样亲。

岂有脂膏供尔禄，不思痛痒切吾身。

此邦只似唐时古，我辈当如汉吏循。

今夕湘春一卮酒，直烦散作十分春。

真德秀说：是百姓养育你们，要做遵理守法的官员，亲民、爱民，给百姓带来春天般的温暖。

这首诗，彰显出真德秀谆谆教诫官属奉职守法的情真意切，堪称长沙古代官场的一段佳话。

真德秀还写有《喻属诗文》，与僚属互勉：

断狱不公。狱者，民之大命，岂可小有私曲？听讼不审。讼有虚有实，听之不审则实者反虚、虚者反实。淹延囚系，一夫在囚，举家废业，图园之苦，度日如岁，岂可淹久？惨酷用刑。刑者不获已而用，人之体肤同己之体肤，何忍惨酷加之？

真德秀从断狱、听讼、囚禁、用刑、追拿、招引等官吏司法的六个环节，劝诫僚属要公平执法，以仁治狱，彰显了他一贯自勉的“抚民以仁”思想。

作为潭州的父母官，真德秀当年十分重视农业生产问题，在长沙任上一共写了十首《长沙劝耕》，可谓苦口婆心，表达其对农耕的高度重视。从农事节令、田里工夫，到陂塘修筑、积水灌溉以及家和善行、乡邻和睦等方面，诗句均有描述。

真德秀也是个教育家，在长沙十分重视教育，他以周敦颐、胡安国、

朱熹、张栻的学术源流“勉其士”，多次亲临岳麓书院督学，并主持祭祀朱洞、周式、刘珙等先贤，对张栻、朱熹开岳麓理学学统十分赞赏，为岳麓书院理学在南宋末叶的复兴起到重要作用。

岳麓书院讲坛后壁上，现存真德秀阐明心性之奥以昭示学者的《勿斋箴》木刻，为清代著名学者王闿运所书，当时在书院内的湖南高等学堂掌教、书家黎承礼为之作跋，古秀苍劲，可谓文书双绝：

> 窃惟方今学术源流之盛，未有出湖湘之右者。盖前则濂溪先生周元公生于舂陵，以其心悟独得之学……中则有胡文定公所闻于程氏者，设教衡岳之下……近则有南轩先生张宣公寓于兹，晦庵先生朱文公又尝临镇焉……

在长沙为官三载，真德秀劝农耕，积谷粟，兴教育，获得了很好的口碑。长沙百姓感佩其整饬吏治、抚恤民生、安定社会之德政，立生祠以祀。

清嘉庆八年（1803），西山祠重修，祠南城墙上嵌刻有《西山碑记》，其中一句“不须更作生祠祀，四海苍生口是铭”，表达了潭州百姓对真德秀的深切怀念。

真德秀再知泉州“迎者塞路”

绍定五年（1232），头发花白、年已55岁的真德秀，再次出任泉州知州。

对于真德秀来说，这也是他被朝中奸臣所害罢官回乡六年后，第一次恢复实职；对于泉州的老百姓来说，这是一场久旱后的甘霖，满天阴霾中的一缕阳光。

关于这次再知泉州，真德秀的学生刘克庄有一首题为《送真西山再镇温陵》的诗写得特别到位：

父老香花夹路催，朱幡那忍更徘徊。
弓张至此尤宜弛，珠去安知不复回。
海上有艘堪致粟，洛中无簏胜生财。
泉人毕竟修何福，消得西山两度来。

真德秀一路行走，来到洛阳桥边，便听鼓乐喧天，只见人山人海，狮龙齐舞，万人空巷。“真大人回来了！真大人好啊！”“真大人回来，我们的福气又来了！”洛阳桥下大大小小的船只把水面全都遮蔽了，渔民们拍打着船桨高兴地载歌载舞；就连在高远山村的百岁老人也拄着拐杖前来相迎。

真德秀不愧为治理州郡的高手。

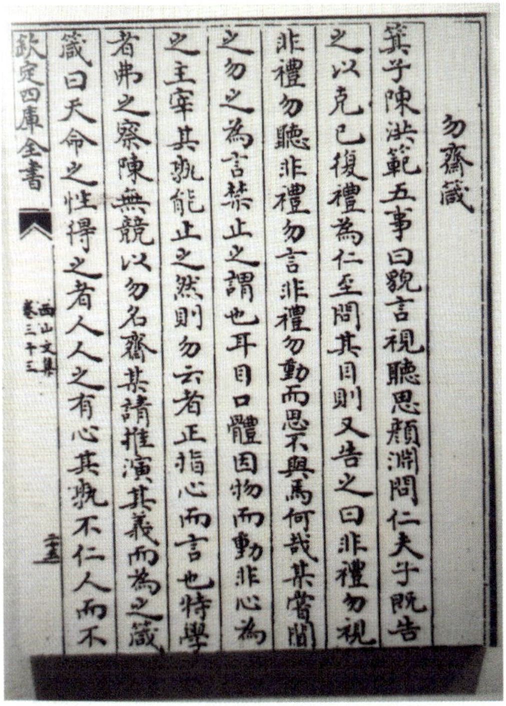

勿齋箴

箕子陳洪範五事曰貌言視聽思顔淵問仁夫子既告之以克己復禮為仁至問其目則又告之曰非禮勿視非禮勿聽非禮勿言非禮勿動而思不與焉何哉其當聞之勿之為言禁止之謂也耳目口體因物而動非心為之主宰其孰能止之然則勿云者正指心而言也特學者弗之察陳無競以勿名齋其請推演其義而為之箴箴曰天命之性得之者人人之有心其孰不仁人而不

欽定四庫全書 西山文集 卷三十三

真德秀到任后，立即发布《再守泉州劝谕文》《泉州劝谕文》《谕州县官僚文》三文，晓谕士民，勉励僚属。

真德秀在《再守泉州劝谕文》中说：

太守将至，郡人欢迎，自渐薄德，莫副民望。

真德秀发自肺腑地说，我来到泉州，受到大家的热忱欢迎，万分感激。虽然我自感德行不高、才疏学浅，但是我一定会尽心竭力，决不辜负大家的深情厚望。

真德秀宣称：

太守今此为民复来，有大不平当为伸雪，有大不便当为蠲除。事若细微，不必相挠，于尔无益，于我徒劳。违法犯刑，最不可作，旧来有过，各许自新。教而不从，刑斯无赦，有过能改，即是善良。

真德秀表示，我今天是为了老百姓而再次到泉州来的，我一定要多为百姓办实事、办好事。只要是有利于百姓的事情，无论大事、小事，我都必定为你们办实、办好。

实际上，这是真德秀的一篇上任宣言，也可以说是一张安民告示，更可以说是真德秀向全泉州百姓所立下的一份“军令状”。

真德秀是理学家，时刻将教化百姓、优化民风记挂在心。在《泉州劝孝文》中，他崇敬孝道，表彰孝敬之人。他说：

忝为郡守，不能以理义训人，致使民间有此悖逆，日夕惭惧，无地

自容。

这其实是真德秀对自己的严格要求，意思是说，作为地方长官，如果不能以理义教化人，社会风气得不到根本好转，致使社会上发生不良之事、出现忤逆之徒，这是我的过错，我会感到无地自容的。

真德秀对于民间疾苦有着切身的体味，所以，他特别看不得老百姓受苦，特别同情贫困者。他说：

若贫乏至甚，无力请医，许诣州自陈，当为遣医诊视，药粥之资，与从官给。

真德秀向百姓表态，如果有人确实贫困，生病了都无力请医生救治，可以向官府求助，我们一定为你们请医生医治，花费由官府来出。

真德秀是一代廉臣，他一生洁身自好，廉洁奉公。同时，他还是坚定的铺张浪费反对者。他说：

自今而后，富者则愿其削世俗不正之礼，省虚华无益之费。审欲为亲祈福，岂若捐金谷以济饥贫？有若施药施棺，无非美事，傥能行此，福报自臻，何必索之渺茫，妄希因果。

意思就是劝告那些富裕大户，叫他们不要奢侈浪费，要节俭钱财。而将节俭下来的钱财，用于多做公益事业，要为那些贫困者多做一些善事，为自己多积一些福德。

在《谕州县官僚文》中，真德秀再以长沙提出的“律己以廉，抚民以仁，存心以公，莅事以勤”四事勉励同僚。

为官一任，造福一方。

对于泉州，真德秀是充满着感情的；对于再知泉州，真德秀也是准备大干一场的。

真德秀说：

太守去此十四五年，虽泉山一草一木，亦时入思。再叨郡寄，衰病本不能出，念泉人相爱之深，黾勉此来，欲为此邦兴利除害，复还乐土之旧。

意思是说，我虽然离开泉州已经十几年了，但是我仍然经常会思念起这里的一草一木，思念起这里的人民百姓。如今，我年纪大了，身体也不太好，但是出于对泉州人民的深厚情感，我还是带着老病之身躯，前来赴任。我既然来了，最大的心愿就是要为这里兴利除害，让老百姓安居乐业。

因此，在泉州，真德秀再次付出心血，造福百姓。

真德秀到任后的第一件事就是禁预借。

多年来，当地奸吏豪民相为欺隐，于是常赋收入大亏，造成财政入不敷出，只得预借。所谓的“预借”，意思是指官府向民间预先借支各种赋税，百姓对此深恶痛绝，可又敢怒而不敢言。真德秀到任后，严格规定，县令只准催收当年的赋税，不得预借。预借禁止后，百姓无不欢欣鼓舞，奔走相告。

面对泉州港海外贸易不振，真德秀将严整泉州市舶作为重要工作来抓。

泉州是对外贸易的巨港。嘉定间，真德秀任泉州知州时，舶税收入十余万贯，及绍定四年，才收四万余贯；五年，收五万余贯，舶税收入大不如昔。

海外贸易受阻，与海盗横行关系甚大，真德秀首知泉州时，打击海盗取得很大的成就。这次到任时，海盗重又猖獗，劫掠客船，少则焚之，大则取为己用。

有一天，海盗船十余艘，乘载五六百人，上岸劫掠，又驶船到柘林澳掳去盐纲船二艘；还有一天，海盗又在大坭海劫掠漳州番船货，掳去水手等九十人。

鉴于此类状况频繁发生，真德秀一方面组织军民团结一心，开展与海盗的斗争；另一方面，他奏请福建与广东经略使共同联合打击海盗。

这次在泉州，真德秀改变了泉州港海外贸易下降趋势，客观上促进了海上商贸的发展。他离任后不久，来泉州贸易的国家和地区比以前增加了 20 多个，泉州港又出现了一派繁荣景象。

真德秀第二次知泉州，虽然只有一年多时间，但是他“崇风教、清奸狱、平赋税、禁苛扰”，为泉州的安定详和、繁荣昌盛做出了卓有成效的贡献，也向泉州百姓兑现了到泉州时所立下的誓言。

《宋史·真德秀传》中这样描述：

五年，进徽猷阁、知泉州。迎者塞路，深村百岁老人亦扶杖而出，城中欢声动地。

真德秀离职福州“彩旗以送”

绍定六年（1233）十月，真德秀以从三品官显谟阁待制知福州兼福建安抚使，实际到福州上任时间，为端平元年（1234）正月。

真德秀在福州知州任上仅四个月就接到圣旨，升任户部尚书。

四个月时间很快，可是令人没想到的是，史书记载真德秀自福州离任时：

邦人竞为彩旗以送，自谯门至舟次，弥望数里不绝。

就是说，只当了100多天知州的真德秀，在离任福州时，福州百姓自发排成几里长队，手上挥舞着花花绿绿的旗子，用充满感恩的眼神目送着这位父母官一步一步远离而去……

在发黄的纸页里读到这几行文字时，人们心中忍不住产生疑问——在这么短的时间里，真德秀到底通过什么魔力，让福州的百姓对他如此依依不舍？

答案其实很简单——老百姓的眼睛是雪亮的，你心中装着百姓，百姓心中便装着你；老百姓心如明镜，你为百姓造福，百姓便感激你！

真德秀一上任，就把减轻百姓负担、为百姓排忧解难，列为重中之重的工作来抓。

之前的政策是，百姓把赋米送到州中的仓库里，由于沿途损失等

原因，官府规定，每斛要收损耗钱三百。真德秀认为损耗费收的太多了，所以他下令减去六分之一。仅此一项，就为老百姓减轻了很大的负担。

福州设有市令司，负责市场管理，不少市场管理人员利用手中的职权，欺压商家，大发横财。真德秀感到，此弊端不除，百姓不得安宁。于是，他下令予以取消。

当时，官府采购货物，存在严重的强买强卖的现象，也就是说，价格不是由市场说了算，而是由官府说了算，官府采购人员，愿意给多少钱就给多少钱。真德秀下令，今后官府购物，务必要按照市场价格支付，决不准以官价强买，损害百姓的利益。

按照当时的政策规定，赋税由里正收取，有些里正巧列各种名目，从中敲诈害民，中饱私囊。见此情形，真德秀怒火心中烧，发现一个抓一个，发现两个抓一双。

这年，福州发生严重的水涝灾害，粮食欠收，造成米价大幅度上涨。更为严重的是，不仅福州粮食欠收，建宁、泉州、兴化也都歉收。看到老百姓吃饭成了天大的问题，心急如焚的真德秀给朝廷上奏，请求拨平江仓米十五万石前来支援。由于时间紧，救人如救火，还没等到朝廷批准，真德秀就先发常平米平粜给福州、泉州、兴化、建宁。

明崇祯版《黄檗寺志》记载，真德秀曾来到福清黄檗山龙潭祈雨。其《龙潭祈雨醮词》言辞虔诚恳切，令人感动。

他说：老百姓最大的事，莫过于稼穑之难，大热的六月天快一个月不下雨了，地皮干裂，庄稼晒得打了卷，福州这地方虽然才方圆百里，但它是七闽之首啊。去年秋天因为连日降霜，收成大打折扣。老百姓仓里攒的粮食基本上都见底了。

谁成想到了今年夏天，又是这样暴晒的大旱天，稻谷正在灌浆抽穗，嗷嗷待哺，急盼甘霖，上至官府，下到黎民，无不是心急如焚。我们

恳请上天慈悲，可怜天下的百姓，扫除妖魅，让大雨快来，救民于水火，我们官吏甘愿受惩罚不拿开支，但愿让老百姓种下的保命粮颗粒归仓。

一篇祈雨词，体现的正是真德秀对老百姓的一片赤诚。

真德秀是著名的理学家，特别善于做思想工作，也非常注重下属们的思想教育。此外，真德秀笔下工夫了得，诗文妙笔生花，通过撰写诗文，表达治政理念，告诫下属官员，也成为了他的一种治政手段。

因此，到了福州之后，真德秀特作《福州劝农文》一文，旨在鼓励农耕，发展生产：

福之为州，土狭人稠，岁虽大熟，食且不足，田或两收，号再有秋，其实其薄，不如一获。凡为农人，岂可不勤，勤且多旷，惰复何望。勤于耕畬，土熟如酥，勤于耘籽，草根尽死，勤修沟塍，蓄水必盈，勤于粪壤，苗稼倍长。勤而不慵，是为良农，良农虽苦，可养父母，父母怡怡，妻子熙熙，勤之为功，到此方知。为农而惰，不免饥饿，一时嬉游，终岁之忧。我劝尔农，惟勤一字，若其害农，则有四事：一曰耽酒，二曰赌钱，三曰喜争，四曰好闲。四者有一，妨时废日，四者都有，即是游手。游手之民，必困以贫，何如勤力，家道丰殖。更能为人，孝顺二亲，内敬尊长，外和乡邻，勤力之余，勤行善事，天必佑之，何福不至。不善之人，是为逆天，天必罚之，悔何及焉。我生田间，熟知田事，深念

尔农，年苦不易，方图多端，恤汝使安。凡今所言，尽言肺肝，咨汝父老，为我开谕，与民善心，还俗淳古，故兹劝谕，各宜知悉。

真德秀还召集所辖十二县长官开会，曾作《会三山十二县宰》。此文中，真德秀警戒部属：

无滥刑横敛，无徇私黩货，毋通关节，慎任胥吏。

就是说，作为政府官员是要为百姓办实事的，不能滥用酷刑，不能横征暴敛，不能徇私舞弊，任用手下的人员一定要慎重。

同时，真德秀还到郊区，一边会见父老，一边劝谕。他说，福州地狭而又人口稠密，就是丰年，粮食也不足，他劝告农民一定要勤劳，不可懒惰。他还诚恳对农民说：我生田间，熟知田事，深深知道你们农作辛苦不易，我会各方面体恤你们，使大家安心生产生活。

所以说，真德秀在福州任职仅四个月，福州人民便“彩旗以送”。当年泉州“迎者塞路”的感人情景，在榕城再次上演，这不能不说是真德秀赢得的最高礼遇。

真德秀铁面无私

这一年，徽州知府离任，需要委派新的知府。真德秀得到消息，朝廷准备让林琰去接任。林琰是平江长洲人，乾道五年（1169）进士。

然而，真德秀通过了解得到确切信息，这个林琰为官声誉极不好，在任地方官时，管理不善，政绩甚差，以至于当地百姓怨声载道。真德秀明确感到，这样一个人绝对不可能为徽州人民带去福祉。

于是，一身正气的真德秀挺身而出，挥笔上奏，列举了林琰的种种劣迹，有理有据地说明了委派林琰担任徽州知府的种种不妥，并要求朝廷取消这次任命。

徽州人民有幸，真德秀上奏得到了朝廷的采纳，嘉定八年（1215）六月十二日，朝廷取消了林琰的任命。

当时，太平州的通判韩楚卿，高高在上，作威作福，他没有勤于公务，不为百姓办实事，整天吃喝玩乐，游山玩水，以至于造成工作懈怠，百姓苦不堪言。

同样，经过深入调查，真德秀得出结论——此人不堪任用。所以，真德秀奋笔上奏，最终朝廷罢免了韩楚卿。

有一个叫黄池镇（今属安徽）的地方，是当涂、芜湖两县间农副产品集散中心之一。嘉定八年十二月，真德秀巡历到此，刚进黄池镇，便被百姓商户上千人给拦住去路。为何？他们向真大人拦路告状，状告监镇官史弥迥。

真德秀接过状纸，斩钉截铁地对百姓说：“如果你们所告属实，我必定为你们作主。”

原来事情是这样的。史弥迥身为监镇官，却利用中职权，欺压百姓，无论到哪个商户买东西，都是拿了之后扬长而去，分文不付。

看了状纸后，真德秀立即开展调查了解。经过实地调查，多方取证，百姓所告之事，完全属实。于是，真德秀怒火中烧，大义凛然地将史弥迥依法查办，为民除了一大害。

为了坚决杜绝类似事情再行发生，真德秀在本镇贸易繁盛区张贴安民告示，告知今后州县镇务等官吏，谁胆敢再利用职权欺行霸市，搜刮民脂民膏，中饱私囊，受害者可以直接上诉状告，定将此等败类绳之以法。

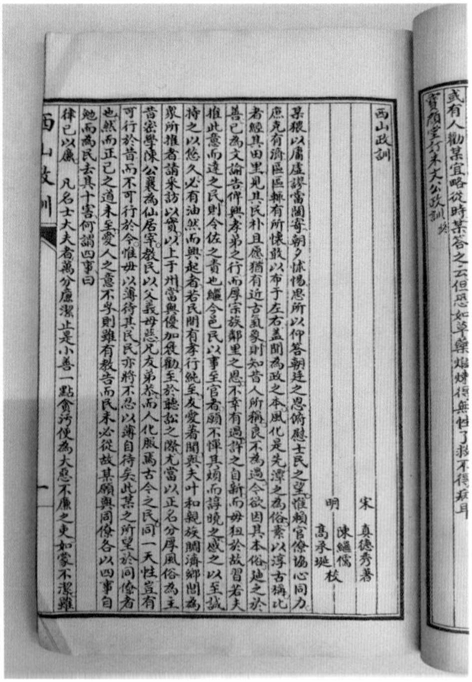
或有人勸某宜略從時某荅之云但恐如草藥煅煉得無性了救不得病耳

西山政訓

宋　真德秀著

明　陳繼儒　高承埏　校

某猥以庸虚謬當閫寄朝夕怵惕思所以仰荅朝廷之恩俯慰士民之望惟賴官僚協心同力庶克有濟區區輒有所懐敢以布于左右盖聞為政之本風化是先潭之為俗素以淳古稱比者經其田里見其民朴且愿猶有近古氣象則知昔人所稱良不為過今欲因其本俗廸之於善已為文諭告俾興孝弟之行而厚宗族鄰里之恩不幸有過許之自新而毋狃於故習若夫推此意而達之民則令佐之責也繼令邑民以事至官者願不憚其煩而諄曉之感之以至誠持之以悠久必有油然而興起者若民間有孝行純至友愛著聞與夫叶和親族賙濟鄉閭為衆所推者請采訪以實以上于州當與優加褒勸至於聽訟之際尤當以正名分厚風俗為主昔密學陳公襄為仙居宰教民以父義母慈兄友弟恭而人化服焉古今之民同一天性豈有可行於昔而不可行於今惟毋以薄待其民民亦將不忍以薄自待矣此某之所望於同僚者也然而正已之道未至愛人之意不孚則雖有教告而民未必從故某願與同僚各以四事自勉而為民去其十害何謂四事曰

律已以廉　凡名士大夫者萬分廉潔止是小善一點貪污便為大惡不廉之吏如蒙不潔雖

西山政訓　一

由是，全镇百姓奔走相告，欢呼雷动，直称真德秀为“青天大老爷”。

真德秀的铁面无私，更体现在他对张忠恕的弹劾上。

张忠恕何许人也？他是尚书右仆射、同中书门下平章事兼知枢密院张浚之孙，也就是说，这个人的祖父曾经贵为宰相。

可是，这个张忠恕一点也不“忠恕”，是一个利欲熏心的不良之徒。他在担任宁国知府时，宛陵（今属安徽宣城）百姓将张忠恕民怨十条呈给真德秀。经调查，真德秀发现当年朝廷曾拨给宁国府救荒粮十几万石，可是，张忠恕却只将不到一半的救荒粮拨下去，其余的自行截留，大发灾荒之财。此外，张忠恕还巧立名目，巧取豪夺，向老百姓多征税收，闹得当地民不聊生，怨声载道。

查清情况后，真德秀拍案而起，愤慨不已。虽然张忠恕的祖父张浚是抗金名将，又是理学家张栻的侄子，但真德秀也不顾情面，大声怒吼：王子犯法，与庶民同罪！

嘉定九年（1216）初，真德秀奏请罢免张忠恕。嘉定九年二月初三，朝廷下旨，张忠恕被撤职。

真德秀“朽材腐瓦”建梦笔山房

一

梦笔山突起在浦城县南浦镇西 1.5 公里，原名孤山。南朝梁萧子开《建安记》载：

孤山在环障之中，其地平坦，悉是沟塍阡陌，此山挺然孤立，因名。

宋元徽二年（474），江淹被贬为浦城（当时称吴兴）县令。任上，他常在浦城山川之中流连，对孤山情有独钟。相传，一夕他夜宿山中，梦里得到一管五彩花笔，日后文思如涌，诗文多佳句“梦笔生花”因之传为美谈。山以人名，孤山亦改名为梦笔山。

二

宝庆元年（1225），真德秀革职回乡，开始在梦笔山建“梦笔山房”，第二年建成后，每天与门人刘克庄、汤汉、徐华老等在此续编《读书记》。

关于在梦笔山上建“梦笔山房”的原因，真德秀在《起梦笔书堂告土地祝文》中记载：

此山得名自江宪公始，先正杨文庄公又读书于兹。

江宪公就是江淹，杨文庄公指的是浦城人杨徽之。意思是说，此山得名于江淹，杨徽之曾在上面建书堂。如今，我是紧随先贤的脚步，建一座山房读书、做学问。

对于梦笔山房，真德秀是颇为看重的，建好后，他专门请好友魏了翁写了一篇《梦笔山房记》。文中载：

世传江文通为吴兴令，梦人授五色笔，由是文藻日新。今浦城，故吴兴也，县故有孤山，里人因以“梦笔”称之，乡先生杨文庄公尝读书其间。比岁，真希元于山之麓得数亩地，艺卉木，营阛庐，为息游藏修之所。既为文庄识其事，又以书抵了翁，曰：“子为我发之。”

在《西山文集》卷五十三中，真德秀自称此草堂是用“朽才腐瓦”将就建成的。也就是说，所用的建筑材料，都是质地低劣品。

三

为何用“朽才腐瓦”建造？谜团不难解开，因为真德秀是一位十分清廉之臣，所以，两袖清风的真德秀，实在没有什么财力去建一所宽敞而豪华的房子。

真德秀曾在浦城城关建有“西山精舍”，这座房子，也是将他在仙阳的旧居拆除，再搬到城里重建的。真德秀在迁入新居的当日，作了一篇《粤山入宅青词》，文中写到：

平时漫仕，未尝为丰培囊橐之私；一旦投闲，安得有营创室庐之力？姑彻移于旧宇，用补葺于新巢。

大概意思就是说，我虽然为官多年，仅是依靠朝廷的俸禄维持生活，从来不敢做饱中私囊、贪污受贿之事，所以，实在是没有多余的钱财来建造宽敞豪华的新房子，只能是将旧房拆来重建。

说起来令人难以置信，任过数处知府的真德秀，建“梦笔山房”，用的是“朽才腐瓦”；建“西山精舍”，则是将旧房的旧材料拆除之后重建。

由此可见，正如孔妮妮《真德秀研究》中赞誉的那样：真德秀“堪称南宋后期不可多得的廉吏”。

四

在不同时间，在多处场合，真德秀都掷地有声地表明自己廉洁自律的坚定态度。

真德秀说：

律己以廉。凡名士大夫者，万分廉洁，止是小善一点，贪污便是大恶不廉之吏。如蒙不洁，虽有它美，莫能自赎。

真德秀说，作为一个官员，要廉洁律己。凡是为官者，能够做到万分廉洁，只是一点小善，而贪污受贿，便是大恶。如果不廉洁，即使有其他的优点，也不能够自我抵消。用今天的话说，就是纵使一个

官员有许多优点，但若在廉洁上出了问题，也只能被“一票否决”。

真德秀说：

> 苟非好修自爱之士，未有不为所污染者，不思廉者士之美节，污者士之丑行。士之不廉，犹女之不洁，不洁之女，虽功容绝人，不足自赎。不廉之士，纵有他美，何足道哉？

真德秀说：如果官吏不洁身自爱，则没有不被污染的，竟忘记了廉洁是士人的美德、而贪财是士人的丑行的训言。士人的不廉洁，就好比女子的不贞洁，不贞洁的女子，即使有超凡的容貌，也是不足以抵赎的；不廉洁的士人，纵然有其他美德，又有什么值得称道的呢？

这些话，是放之四海皆准的真理，是名副其实的名言警句，是当之无愧的金玉良言。

五

有一则故事是这样写的：真德秀到泉州赴任时，泉州官府的官员按照老一套惯例，在长亭设宴为真德秀接风洗尘。真德秀也不是不食人间烟火之人，他不能拒绝大家的一番盛情，所以他去了。

宴席开始了，真德秀说：“感谢大家的好意。不过，你们不要上酒，我有自带。”随即，叫随从把自备的“酒水”端上桌来。众官员好不开心，以为知州大人自备的“酒水”不是琼浆玉液，也是“贡酒”，争相而饮……

看到这情形，真德秀笑着问：“汉相曹孟德诗云‘何以解忧，唯有杜康’，今日与众位长亭一饮，不知这‘杜康’之味如何？”众官员以为知州大人是在试探下属对其是否忠心？个个不敢道出“酒”中滋味，只是点头哈腰翘拇指：“好酒！好酒！”

真德秀大笑，说：“实不相瞒，刚才众大人所饮乃清泉山下一泓清

泉之水也！”众官员闻言，面面相觑，无语以答。真德秀接着说：“今日以清泉之水感谢众位相迎，这叫‘君子之交，淡如水矣’。”紧接着，真德秀语重心长地告诫大家说：“我们作为政府官员，如果为政不廉，就好像是女子不贞洁一样呀。”

一个小故事，把真德秀廉洁自律而又平易近人的形象，刻画得活灵活现、生动有趣。

六

真德秀曾在多地为官，而这些地方都不同程度地遭遇水灾、旱灾、蝗灾等自然灾害，当时，有一种基本上是约定俗成的做法，就是官员到任，属下各衙门都会按惯例送上数额不等的礼金，作为“见面礼”。无论到哪里任职，一收到这种礼金，真德秀立马上交列入公账。一旦遇到灾害，他便吩咐将这些钱全部拿出来，投入到赈灾大业中。真德秀说，这种钱，我是一分一毫也不能塞进个人腰包的，必须要取之于民、用之于民。

真德秀是一个大孝子，无论到什么地方任官，他都要把母亲带在身旁，悉心奉养，尽行孝道。而遇到真德秀母亲生日的时候，很多人也会送上不少的钱物。这些财物，真德秀也是全部拿出来充作赈灾救济款。

真德秀在潭州任职的时候，发现在长沙城内有一种非常不好的习俗，那就是，元宵节前后，潭州安抚使司以及各衙门官员到了晚上，都要聚集城内最高处定王台上饮酒作乐。更糟糕的是，官府还下令周围百姓必须每家悬灯一盏，俯瞰如万点明星，并美其名为“与民同乐”。

真德秀到任后，发现了这种情况，大为不快。他说，政府官员大

吃大喝、寻欢作乐，这是极大的不廉；而要求老百姓家家户户悬灯高挂，这是给百姓增加不必要的负担，要不得。于是，真德秀严厉下令，并向百姓发出公告，此腐规坚决废除。

七

东晋有位大臣叫吴隐之，这一年，他到广州去做官。路上，听说附近有一口“贪泉”，便前去看看。他看见所谓的“贪泉”实际上只是山泉，便蹲下捧着泉水畅饮。随从见状，赶紧上前阻拦：“这是贪泉，千万不能喝啊！”吴隐之哈哈大笑，说：“什么贪泉不贪泉的，我就不信这个邪。贪婪的人不喝也会贪，清廉的人就算喝了也能保持廉洁。”随后，他还赋诗一首以表达自己廉政的决心：

古人云此水，一歃怀千金。

试使夷齐饮，终当不易心。

这首诗的意思是：人们传说喝了“贪泉”的水便会贪得无厌，欲壑难填。但我认为，如果让品德高洁的伯夷、叔齐（殷商孤竹君的两个儿子）喝了它，一定也不会改变廉洁之心的。

千锤万击出深山，烈火焚烧若等闲。

粉骨碎身全不怕，要留清白在人间。

明代于谦的一首《石灰吟》脍炙人口，千古流传，尤其是一句“要留清白在人间”，成为多少人的座右铭。

看了吴隐之的故事，读了于谦的诗，我突然发现，他们和真德秀虽然不是同时代的人，但是——

他们，廉洁奉公的一片赤诚，与日同光，与月共辉。

真德秀劝农

一

田里功夫著得勤，翻耕须熟粪须均。

插秧更要当时节，趁取阳和三月春。

真德秀这首诗写于长沙任上。

嘉定十六年（1223），真德秀知潭州（今长沙）。他上任后，重农政、劝耕稼，大力发展农业生产。

真德秀结合自己的务农经验，提出了鲜明的观点，农民种田重在一个“勤”字，人勤春来早，人勤土变金。接着，他谈到了时节的重要性，只有抓住农时，方能稻谷满仓。

真德秀的这首劝农诗，感情真挚，行文朴实，就像是久别的老友重逢，坐在田间地头，亲切地拉着家常里短。

真德秀不仅写有不少的劝农诗，还写有很多的劝农文，如《泉州劝农文》《隆兴劝农文》《潭州劝农文》《再守泉州劝农文》《福州劝农文》等，这些劝农文的字里行间，浸透着真德秀对农民的炽烈深情。

真德秀劝农具有几个显著特点：

一、真德秀劝农，不是高高在上发号施令，而是坚持深入民间调查研究，访贫问苦。

真德秀在《隆兴劝农文》中提到：

闾阎之利病，田里之疾苦，朝夕访问，不敢一日忘。

也就是说，他一到隆兴，便对当地情况进行实地考察；他知任潭州时，经过实地调查，作出“土瘠而墝，俗窭且贫”的评价；他知泉州时，也是经过实地调查后，发出“嗟哉濒海邦，半是峣埆地。三时劳耕耘，收获尚无几”之感叹。

可以说，真德秀在劝农文中所列出的各地不同的农事情况，是当地农事劳动的真实写照。

二、真德秀劝农，不是盲目的瞎指挥，是根据自己的劳作经验，同时结合当地的实际情况，而做出有的放矢的指导。

为了促进农业生产，真德秀在劝农文中提供了一些农事活动的相关经验。真德秀认为仲春时节：

乃者惊蛰前，甘泽屡滂沛。霆声应期发，人谓丰稔瑞。尔宜乘此时，汲汲操耒耜。

意在催促乡民进行农事活动，毋误农时。

真德秀在劝农文中，对不同时期怎么安排农事生产也有相关指导：

春宜深耕，夏宜数耘。禾稻成熟，宜早收敛。豆麦黍粟，麻芋菜蔬，各宜及时，用功布种。

真德秀认为，农事生产要讲究顺应天时，根据时节调整作物种植种类和种植方法，“插秧更要当时节，趁取阳和二月春”。除了天时，对地利的因势利导也同样重要，“高田种早，低田种晚，燥处宜麦，湿处宜禾，田硬宜豆，山畬宜粟，随地所宜，无不栽种”，劝诫乡民根据不同的耕地条件来种植适宜的作物，最大程度利用有限的耕地。

三、真德秀劝农，坚持以勤为本。

在真德秀的劝农文中，特别对“勤”进行了强调：

勤于耕畬，土熟如酥，勤于耘耔，草根尽死，勤修沟塍，蓄水必盈，勤于粪壤，苗稼倍长。

真德秀在劝农文中对“勤”和农事生产之间的关系有着较为深入的刻画：

凡为农人，岂可不勤，勤且多旷，惰复何望……勤而不惰，是为良农……为农而惰，不免饥饿，一时嬉游，终岁之忧。我劝尔农，惟勤一字。

真德秀认为，“勤”是衡量一个农民是否为良农的重要标准，乡民要勤于农事，终日嬉游和懒惰的农民，会导致饥饿和长久的忧患。“勤”在真德秀的劝农文中，除了勉励乡民进行农事生产，还是他进行道德教化的一部分，“勤力之余，勤于善事”，这样不仅能避免饥饿和贫穷，还能攒下丰裕的家产，由此带来家庭和睦和社会安定。他认为“不善之人”，即不孝亲长，不睦乡邻，不行善事的人，“是为逆天，天必罚之”。

四、真德秀劝农，重视水利设施建设。

水利设施是农业生产的重要保障，以真德秀所在的福建地区为例，沿海的耕作区一面是山地丘陵，雨季常有山洪发生；一面临海，涨潮时海水泛滥田地，土质变得坚硬，不利耕作。这些地区时常旱涝不均，因此水利设施的建设成为当地农事活动的重要一环。劝农文中“陂塘谨修筑，预作灌溉备”，“陂塘沟港，储蓄水利，各宜及时，用功浚治”等内容，都体现了真德秀对水利工程建设的重视。

二

真德秀作为朱熹之后重要的理学大家，其劝农诗文既包含以促进农事生产为核心的农业技术和经验，也具有以风俗教化为目的的理学道德秩序内容，反映了其承袭朱熹的特质。

一是革除不良社会风气。

真德秀在劝农文中对乡村的不良风气有许多描述。《福州劝农文》中说道：

若其害农，则有四事：一曰耽酒，二曰赌钱，三曰喜争，四曰好闲。

真德秀认为这四种风气妨害农事生产，沉迷于饮酒、赌博、斗殴、词讼，会对乡民的人身和财产安全带来隐患，轻则影响家庭邻里和谐和正常农事生产，重则危害社会安定。

真德秀一再强调：

喜争斗者，杀身之本；乐词讼者，破家之基。赌博乃偷盗之媒。耽酒是丧身之渐。

真德秀断言，这些社会陋习妨害了农业生产和秩序安定，对民众的生产和生活造成严重影响。

二是强调谨身节用观念。

针对乡民怠惰的现象，真德秀在劝农文里提出谨身节用的观念：

谨身节用，以养父母；谨身是不妄为，节用是不妄费。

具体而言，谨身是“莫作罪过，莫犯刑责，莫要斗殴，莫生词讼，入孝出悌，上和下睦”；节用是爱惜财务，不贪口欲，不享奢华，不耽于饮酒、赌博、邪教、浪游、百戏等非农事活动。

真德秀还劝告说：

汝农亦宜尽力以务本，谨身以节用，与其怠惰而饥寒，何如勤苦而温饱；与其奢侈而困穷，何如俭约而丰足？

真德秀认为，谨身不使父母烦忧，节用能赡养父母，具备这两者，乡民就符合“孝”的准则，成为良民。

三是宣扬纲常秩序。

在真德秀的劝农文中，纲常秩序在于家庭、邻里、乡党之间关系的和谐：

父老记我言，归语尔子弟。及尔乡党间，各各修礼义。事亲与敬长，必也孝且悌。惠爱笃宗族，欢好洽邻里。

凡为人子，孝敬是先，其次友爱，协和兄弟……长当抚幼，弟当敬兄，或值急难，尤须救助。其次族属，虽有亲疏，论其源流，皆是骨肉……其次乡邻，情义亦重，患难相扶，疾病相救，恩义往来，亦不可缺。

真德秀将亲子、兄弟、宗族和乡邻划分为不同的关系归属，由小及大，形成治理基层乡村社会的网络，对乡民们强调这些关系和谐的重要性，以传统的儒家道德来教化他们。

在劝农文之外，真德秀还以《谕俗文》《劝孝文》《劝学文》等通俗文本配合教化乡民，形成完整的劝农和教化过程。

在《潭州谕俗文》中，真德秀将官民关系和孝悌、宗族同列为谕俗三事，真德秀认为：

太守之于尔民，犹父兄之于子弟。为父兄者，只欲子弟之无过；为太守者，亦只欲尔民之无犯。

在这里，真德秀强调了官民关系的和谐。

真德秀知福州时，也表明自己：

本路人为本路之帅，其视八州皆如乡党，其待百姓一如子弟。

视治下百姓为同乡、为兄弟姐妹。

三

中国古代农耕文化，以“男耕女织”为代表，以“日出而作，日落而息，凿井而饮，耕田而食”为理想追求。

如果我们发挥一下想象，不难发现，中国古代的农耕文化颇似一幅幅和美图案组成的历史长卷，“男耕女织”也好，“凿井而饮”也罢，都是以极丰富的立体感、极真实的画面感，反映先民一幕幕鲜灵灵、活生生的生活情态。

而真德秀特别像一位高明的画手，无论到哪里为官，都以高尚品格为如椽大笔，以一腔热血挥墨写意，为那里的山川大地挥洒出一帧又一帧美丽吉祥的水墨画。

真德秀力劝赵竑

一

赵竑何许人也？只要是读过一点宋史的人，对这个人应该都会留下较深的印象。这个人，曾经贵为皇子，但在凶险异常的宫廷争斗漩涡中，凄然落败，最终含恨谢幕。

论起来，赵竑这个人和浦城还有一定的渊源，因为，浦城人真德秀曾经当过他的老师。

宋宁宗先后有八个儿子，但都未及成年就夭折了。嘉定十四年（1221）六月，宁宗把弟弟沂王的儿子赵贵和立为皇子，改名赵竑。

赵竑是一个在政治上很不成熟之人。

事情的大致经过是这样的。

首先要提到一个名声不好的历史人物，他叫史弥远。史弥远（1164—1233），字同叔。明州鄞县（今浙江宁波）人，尚书右仆射史浩第三子，南宋权相。

史弥远于淳熙十四年（1187）中进士。历任大理司直、太常寺主簿、宗正丞、起居郎等职。开禧三年（1207），韩侂胄北伐失败，金朝来索主谋。史弥远时任礼部侍郎兼资善堂翊善，与杨皇后等密谋，遣权

主管殿前司公事夏震于玉津园槌杀韩侂胄，后函其首送金请和。次年，签订嘉定和议，规定宋金世为伯侄之国，宋向金增加岁币、犒赏军银。史弥远因此升任右丞相兼枢密使兼太子少傅，进封开国公，从此独相宋宁宗赵扩 17 年。嘉定十七年（1224）八月，宋宁宗病死。史弥远伪造遗诏拥立宗室子赵昀即位，废皇子赵竑为济王，又逼其致死。而后九年里，史弥远完全控制朝政，绍定六年（1233），史弥远病逝。

史弥远独揽朝政，一直得到宋宁宗、宋理宗的宠信。史弥远对金采取屈服妥协，对南宋人民则疯狂掠夺。他招权纳贿，货赂公行，还大量印造新会子，不再以金、银、铜钱兑换，而只以新会子兑换旧会子，并且把旧会子折价一半，致使会子充斥，币值跌落，物价飞涨，民不聊生。

史弥远与杨皇后内外勾结，专权擅政，朝廷内外大臣多由其举荐，几乎没有人敢违背其意愿。

当时，皇子赵竑对史弥远的所作所为非常不满，史弥远察觉到这一点后，便想了个鬼点子，对赵竑进行监视。他听说赵竑喜欢弹琴，就送了一个善于鼓琴的美女给赵竑，让她窥视赵竑的一举一动、一言一行。赵竑缺乏政治头脑，毫无防备史弥远之心，竟然非常宠爱这个女子，甚至将她视为心腹。这种引狼入室的愚蠢之举，为其日后的失败埋下了伏笔，同时也让史弥远对赵竑的一举一动都了若指掌。在知己知彼的情况下，史弥远自然占尽先机，取得了政治上的主动。

赵竑曾把史弥远和杨皇后所做的不法之事记录下来，说：“史弥远应该发配八千里。”

他还指着地图上的琼州、崖州（今海南省）说：“我今后做了皇帝，一定要把史弥远流放到这里。”

甚至私下里称史弥远为“新恩”，意思是今后要把史弥远流放到新州（今广东省新兴县）或恩州（今广东省阳江市）。

二

嘉定二年（1209），真德秀担任沂王教授时，就对赵竑悉心教导，他看到自己的学生如此不成熟，内心很是着急，更为学生的前途命运担忧。于是，真德秀不止一次对赵竑说：“你一定要学会韬光养晦，一定要孝敬杨皇后，善待史弥远。千万不可锋芒太露，否则会很危险的。”

遗憾的是，赵竑不单单是政治上不成熟，性格上也十分固执，他听不进真德秀的金玉良言，依然我行我素。

后来，真德秀辞去了沂王教授职务，但仍然非常关注着赵竑。赵竑被立为皇子，明确为接班人了，远在家乡浦城的真德秀，还连上二封《上皇子书》，规劝赵竑务必要厚德载物，宽以待人。

可是，当了皇子后的赵竑依然不成熟，最终让史弥远阴谋得逞。

赵竑的言行令史弥远非常恐惧，他担心赵竑做了皇帝后自己性命不保，于是处心积虑地要废掉赵竑，另立太子。他委托门客余天锡物色一位贤良的宗室子弟，以便将来替代赵竑。

嘉定十四年（1221），余天锡回乡参加当地的科举选拔考试，路过绍兴时忽逢大雨，恰好来到全保长家避雨。全保长听说来人是史弥远的门客，便盛情款待。席间，全保长将赵与莒兄弟介绍给余天锡，说二人是赵氏骨肉，皇室血脉。

余天锡回到京城后，将此事告知史弥远。史弥远派人将孩子接到临安，亲自考察。赵与莒相貌端正，史弥远一见就大为惊奇。史弥远让赵与莒写字，他竟然写下“朕闻上古”四个字。史弥远不禁万分感慨：“此乃天命！”为了防止计谋泄露，史弥远仍将兄弟二人送回全保长家，以待合适的机会。

一年以后，史弥远将赵与莒兄弟接到临安。他找到当时的名儒郑清之，私下对他说："皇子赵竑不能担当大任，听说赵与莒很贤良，你要好好教导他。事成之后，我现在这个位置，就是你的了。"

真德秀听说了史弥远的举动，又多次劝导赵竑，可是赵竑还是我行我素，听不进真德秀的劝告。真德秀看到形势的发展越来越危急，而自己的忠言又发挥不了作用。他不得不辞去了王府教授的职位，这样一来，赵竑失去了一个重要的谋臣，在与史弥远的斗争中更加孤立无援。

三

嘉定十七年（1224）八月二十六日，宋宁宗去世。赵竑翘首等待宣召，很久使者未到。史弥远在后宫中，派遣人骑快马宣召皇子，命令他们说："现在所宣召的是沂靖惠王府皇子，不是万岁巷的皇子，如果误宣，则你们都将被处斩。"

赵竑在墙壁间窥视，看见使者经过自己的王府而不进来，产生怀疑。不久看见使者簇拥着一个人径自走过，当时天已黑，不知那个人是谁，甚感疑惑。

赵昀（就是原先叫赵与莒的人）到来后，史弥远引他到灵柩前，行哀礼已毕，然后召见赵竑。赵竑闻命急忙入宫，每到一座宫门，禁卫兵就拦拒他的侍从。史弥远也把他引到灵柩前，行哀礼已毕，引出灵帷，殿帅夏震守住他。不久召百官立班听遗诏，把赵竑仍然引到旧日的班次，赵竑愕然说："今天的事，我怎能仍在这个班次？"

夏震骗他说："没有宣读遗诏前应当在此位，宣读诏令后再即位。"

不久，赵竑遥见烛影中一个人已坐在御座，宣读诏令后，全宫赞呼，

百官拜舞，祝贺新皇帝即位。赵竑不肯下拜，夏震按着他的头下拜。

这位新皇帝就是宋理宗。

四

宋理宗即位后，假托遗诏，以赵竑为开府仪同三司，进封为济阳郡王，判宁国府。不久，又宣布进封赵竑为济王，出居湖州（今浙江省湖州市）。

史弥远的废立之举，引起朝野内外的普遍不满，湖州百姓首先发难。宝庆元年（1225）一月，湖州百姓潘壬、潘丙兄弟及其从兄潘甫密谋拥立赵竑为皇帝，派人与山东“忠义军”首领李全联系。李全表面上与湖州方面约定起事日期，表示届时将进兵接应，但到了日期却并未前来。潘氏兄弟恐怕事情泄露，遂聚集一些太湖渔民和湖州巡卒约数百人，打着“忠义军”的旗号，于正月九日夜里闯入济王府，声称要拥立赵竑为帝。

赵竑闻讯，急忙躲进了水洞，但还是被找了出来。潘氏兄弟一行将赵竑带到湖州治所，硬将黄袍加在济王身上。赵竑号泣不从，但潘壬等人以武力胁迫，赵竑无奈，只得与潘氏兄弟约定，不得伤害太后及理宗。得到允诺后，赵竑即皇帝位。湖州知州谢周卿也率部属来恭贺新皇帝继位。这就是“湖州之变”，也称“济王之变”。

到了天明，赵竑才发现拥立自己的并非什么“忠义军”，只是一些渔民和巡卒，人数尚不足百。赵竑知道这些人乃乌合之众，难以成事，于是派王元春向临安官方告发，并亲率湖州州兵讨伐。等朝廷派来的军队抵达时，叛乱已被平定。潘甫、潘丙被杀，潘壬隐姓埋名逃跑以后，也被抓获，押到临安处死。闹剧就此草草收场。

“湖州之变”给理宗和史弥远带来极大震动，他们意识到只要赵竑还活着，就是皇位的巨大威胁，若不彻底解决，必将后患无穷。赵竑本来无病，史弥远却派门客以给赵竑治病为名来到湖州，逼迫赵竑于湖州治所上吊自杀。

“湖州之变”中，赵竑被人胁迫，并非事先预谋，后来还亲率州兵平定了叛乱，但仍然含冤而死。他的悲惨遭遇，引起举国上下的广泛同情。

真德秀作为当时名臣，也是义愤填膺，他和其他大臣魏了翁、洪咨夔、邓若水等人纷纷上书，为济王鸣不平，指责理宗处理此事不当。直到恭帝时，谢太后主持朝政，在臣僚建议下恢复了赵竑名号，选宗子为其继承香火，这一公案才告一段落。

五

史弥远死后，理宗终于开始正式亲政，一展胸中抱负。理宗任用了一批贤良之士，深孚众望的真德秀、魏了翁被请回朝廷任职。

绍定六年（1233）十一月，理宗宣布明年改元为端平。从端平元年（1234）到淳祐十二年（1252）的近二十年间，理宗在政治、经济、军事、文化等各方面采取了一系列改革措施，史称“端平更化”。

理宗不仅器重真德秀的才干，佩服他的为人，喜爱他的学识，还对他执着地推介朱熹学说的果敢坚毅行为深表感动。

就在真德秀被朝廷任为礼部侍郎不久，权臣史弥远将其逐出京城去做地方官。宋理宗刚刚登基做皇帝，眼见真德秀被贬斥，内心着急，甚至愤怒，却暂时无能为力。

但是，当宋理宗真正掌握朝廷大权后，就将真德秀重新召回朝廷

并提升为户部尚书。真德秀将推介朱熹学说当作一生的重大任务，对整天忙于事务性工作的户部尚书并不留恋。他看中了无职无权的皇帝侍读的位置，通过伴皇帝读书，更通过“经筵”制度的设立获得给皇帝传授知识、讲解治国理政方略的绝好机会，全面弘扬朱熹学说。

宋理宗信任真德秀，重用真德秀，这是事实。但是，真德秀早年与赵竑有师生之谊，当年，他力劝赵竑、为赵竑鸣不平，是尽己之责，出己之力，从这一点上来说，真德秀无疑是一位称职之“王师”；而得到宋理宗重用后，真德秀进献《大学衍义》，向皇帝传播为君之思想理念，并最终打动皇帝，完成了理学取得正宗地位的最后一搏，从这一点来说，真德秀无疑又是称职之“帝师”。

真德秀举贤荐能

真德秀推荐人才，决不搞裙带关系，也不凭个人喜恶，他唯贤是举，唯能是举，注重的是个人的品德，注重的是个人的才能。

刘克庄在《西山真文公行状》中有如是记载：

天下士鲜不及门，其所荐拔，后为名公卿者不可胜数。

意思就是说，真德秀推荐了许多学生门人，经他推荐的这些人中，成为贤臣名臣的难以胜数。这说明真德秀选人标准高，推荐人的眼光很独到。

真德秀曾二度任泉州知府，期间，他为泉州百姓办了许多的实事、好事，深受泉州百姓爱戴。真德秀之所以在泉州能做出突出的政绩，除了自身的因素外，也离不开同僚、下属等人的鼎力相助。

有一个事例，既能说明真德秀善于用人，也能说明贤人能人对于治理地方的重要性。

泉州下辖的南安县，离泉州最近，是一个地广人多的大县。但是，由于前几任县令没有选对，有的贪暴无度，有的平庸无能，致使南安县社会混乱、经济萧条、民不聊生。真德秀知泉州后，看到如此状况，深深感到，为南安县选择一名出色的县令对治理泉州至关重要。

《八闽通志》记载：

以其（徐鹿卿）道同志合，可以拯民，辟宰南安。既至，首罢科敛之无名者，明版籍，革预借，决壅滞，达冤抑，邑以大治。

这段话的意思是说，为了给南安县找一个好县令，经过了解考察，他的目光聚焦在了一个叫徐鹿卿的人身上。真德秀发现，这个人有理想，有能力，是个干才，于是推荐徐鹿卿当南安县县令。徐鹿卿上任后，果然不负众望，大刀阔斧对南安进行整治，很快，南安县便出现了老百姓安居乐业的大好局面。

真德秀举荐人才，掌握着一个因才而用的大原则。每个人有着各自的天赋异禀，将之安排在合适的岗位上，才能最大限度地发光发热。

这一年，真德秀举荐林元晋担任浦城县尉，在举荐状中，真德秀明确提出了浦城县尉一职对候选人岗位经验和个人能力的特殊要求，《西山先生真文忠公文集》载：

浦城上五乡为福建吟喉之地，民俗犷悍，创阙之初，必得才识之士方能斟酌利病。

建昌军司户参军林元晋奋身上庠，笃学有守，明敏详练，允为应变之材，且尝从父兄历仕江淮，谙识兵民利病，使之任上件差遣必能称职。

这段话的意思是说，浦城是福建省的北大门，地理位置相当重要，必须要有一位具有才识的人担任县尉。真德秀认为林元晋很合适，是因为这个人不但具有英勇顽强的精神，并且有才学、有操守，头脑灵活，随机应变的能力也很强；还有很重要的一点是，林元晋的父亲、兄长在江淮一带为官时，他也曾跟随左右，很了解民风民情。因此，派他去担任浦城县尉，肯定是称职的。

真德秀举荐人才，很注重这个人的气节。

陈昉，是宁宗朝名臣陈岘之子，开禧元年（1205），陈岘任中书舍人兼直学主士院。韩侂胄欲升任苏师旦为节度使，陈岘拒不草制，

毅然辞官。当时韩侂胄权势熏天，没有几个人敢于和他对着干。陈岘居然冒天下之大不韪，不听从韩侂胄的命令，甚至还奋然辞官，不愧为铁骨铮铮之士。

在父亲言传身教下，陈昉不仅遗传了父亲的铮铮铁骨，他还以仁为本，注重民生，刚正廉洁。鉴于陈昉出色的表现，真德秀对时任浦城知县的陈昉进行了大力举荐，真德秀在举荐状中说："陈昉这个人，为人沉稳，学识通明，节俭廉政，一意爱民。这个人性格宽厚平和，同时又具备大义凛然的节操。今天我向朝廷保举他，如果保举不当，我甘愿受罚。"

在真德秀的大力举荐下，陈昉被升迁为司农丞。

真德秀本身就是一位难得的廉臣，对于贪官深恶痛绝。所以，在真德秀的荐举标准中，廉，是对官员素质的首要要求。

宋理宗曾向真德秀询问：朝廷应该如何用人？真德秀毫不犹豫地回答说：以廉为先！

宋理宗让真德秀举荐廉政之人，真德秀向宋理宗推荐了赵箴夫、杨长孺等。

赵箴夫于嘉定年间任袁州知州，在任期间，他体恤百姓、律己以廉，政声卓著。

杨长孺是名儒杨万里之子，史称他视金玉如粪土，十分廉洁奉公。他家里盖房子时，用的全是土墙草瓦，和当地贫苦百姓一样。杨长孺任广东经略安抚使知广州期间，用自己的俸禄为交不起田租的农户交租，一片为民之心天地可鉴。

有一个叫刘用行的人，到零陵县当县令后，坚持律己以廉，他经常说：

俸外令甲所不载者，赃也。

意思就是说，除了国家给我的俸禄之处，其他法令不允许的收入，只要拿了一分一毫，都是贪赃枉法之举。

刘用行为官异常清苦，在官府的开支方面也十分节俭，决不乱花公家的一分钱，一分一厘全部用在为民办实事上。大家看到刘用行吃的是粗茶淡饭，穿的是土衣土布，无不对他肃然起敬。刘用行以清廉闻名朝野，真德秀对他进行了举荐。

真德秀不仅是一匹奋蹄驰骋的“千里马”，也是一位慧眼识英才的“伯乐”。

真德秀首奏拒付金朝岁币

真德秀在朝，向来以勇于直言著称，他向皇帝所上的奏章，也是披肝沥胆，切中时弊。当时，权相史弥远当权，真德秀的奏章触及到了他的利益，所以对真德秀有切齿之恨，想方设法要加害真德秀。

当时的情况是这样的，蒙古大军一路南下，所向披靡，金国地方成为两军厮杀的战场。史弥远等人欲排挤真德秀，他们密谋将真德秀往战火中推。这时，金朝拥立完颜珣为帝，称宣宗。史弥远趁此机会，任命真德秀为金国贺登位使，欲置真德秀于险境。一些大臣表示反对，希望朝廷取消这一任命，但遭到拒绝。

真西山集

真德秀是一个勇于担当之人，他不计恩怨，以国为重，置生死于度外，慷慨领命。

当真德秀出使行至宋金边境的盱眙（今属江苏省）时，因金都大乱，道路不通。真德秀不因道路不通即返，而是在边境滞留两个月，对两淮山川险易、士卒勇怯、守将贤否、边民疾苦都进行考察访问，将边境情况了然于胸，并记录在册，其目的是回朝后制定边疆政策。

回朝后，真德秀上了奏折，就如何处理宋、金关系提出上、中、下三策：

以臣愚虑，苟能显行止绝，以其货币颁犒诸军，缮修戎备，于以激士心而褫敌气，此上策也。命疆吏移文与议，削比年增添之数，还隆兴裁减之旧，此中策也。彼求我与，一切如初，非特下策，几无策也。

就是说，真德秀认为，上策是拒付岁币，中策是减少岁币，下策是维持原状。

真德秀坚决要求实行上策，拒付岁币，宁宗说：“不当与！”

也就是说，宁宗同意了。

何为岁币？岁币，就是指朝廷每年向外族输纳的钱物。金国灭了北宋后，南宋偏安江南，为了苟且偷安，南宋向金国称臣，所以每年都要向金国缴纳数额惊人的钱物，并且一直持续数十年不断。

当时蒙古侵金势如破竹，金的灭亡基本上已成定局，这个时候拒付金国岁币当是可行之举。

于是，真德秀成为南宋第一个提出拒付岁币之人。

如上所述，真德秀上了一个洋洋数千言的奏章，请求罢除岁币。真德秀认为，鉴于金国大势已去，宋朝现在最重要的事情，是如何应对蒙古灭金之后形成的新政治格局。在他看来。如果蒙古占据中原，那么宋朝就会跟蒙古直接接壤，成为邻国，这对宋朝来说只能是更大的威胁。他还认为，宋朝此时必须防患于未然，储粟强兵，做好之后应对蒙古的准备。换句话说。真德秀认为，与其把巨额财富白白送给一个将要灭亡的敌国，还不如用来强大自己的军备。

真德秀的意见是务实而有前瞻性的，尤其重要的是，他提出了蒙古很可能跟一百年前的女真一样，成为宋朝之后更可怕的威胁。

真德秀在另一个奏章中十分清楚地表达了自己的担忧：

臣观鞑靼之在今日，无异昔者女真方兴之时，一旦与吾为邻，亦以祖述女真已行之故智。

意思是说，我看蒙古现在的情况。跟以前女真时刚兴起的时候一模一样，一旦他们灭了金国成为我们的邻国，一定会干一百年前女真人干过的事情。

后来的历史证实了真德秀的猜想。蒙古在灭亡金朝的第二年，就迫不及待地发动了灭宋的战争，而南宋最后也步了北宋的后尘。

真德秀以慈行善

讲到中国历史上的慈善家，真德秀也当之无愧地位列其中。

中国古人有自己的一套慈善理念，《礼记·礼运》中是这样说的：

故人不独亲其亲，不独子其子，使老有所终，壮有所用，幼有所长，矜（鳏）、寡、孤、独、废疾者皆有所养。

这段话的大概意思是，人们不能仅奉养自己的父母、养育自己的孩子，而是要让天下的老年人都能享受其晚年，青壮年能为社会效力，儿童能顺利地成长，年老的鳏夫、年迈的寡妇、孤儿、无子老者、残疾人都能得到社会的关爱，这样才算“大同社会”。

范仲淹“先天下之忧而忧，后天下之乐而乐”的千古名句，既是他忧国忧民的政治情怀，同时也是他慈善思想的明确反映。他首创义庄，开宋代义庄之风气，成为以后历代义庄之典范的伟大善举，更成就了他在中国慈善史的崇高

地位。

苏轼是著名的文学家，同时也是慈善家。他任杭州太守时创设病坊，任密州太守时收养弃婴，任黄州太守时成立救婴组织。

真德秀是宋朝著名的慈善家，他在任之地，多次发布谕俗、劝学等文告，推动当地慈善事业的发展。在江东任转运副使时，逢大灾，亲赴灾区救灾，并取得了很好的效果。

此外，真德秀游宦所到之处，还成立了“慈幼庄”“安乐庐”和“义阡”等许多慈善机构，以赈济孤苦无依之人。

我们先说“慈幼庄”。

南宋末年，民众生活贫困，丰年聊以自足，荒年辗转沟壑。生儿无力抚养，往往遗弃道路。

真德秀于嘉定十年（1217）在江东转运副使任上设立了“慈幼庄”，这是一个专门负责收养遗弃儿童的机构，隶属于江东转运司。收养的具体办法规定：一、确认弃儿身份，登记在册。二、弃儿由政府出钱雇人乳养，经费来源于“户绝田宅”或“没官田产”的地租，派专人管理。三、周应合《景定建康志》记载：收养之家“每月支钱一贯文，米六斗，至五岁止。其无人收养者，所属官司召募有乳妇人，寄养月给一文，至七岁止。其欲以为己子，或有人转觅者，听从其便，仍从官司给据，其抱养之初，襁褓未备，则以钱两贯文给之；其病患者听自陈，给与药费：死者支钱二十贯文，实时除籍”。

我们再来说“安乐庐”。

行旅之人一旦病魔缠身，旅馆恐其传染而不予收留，缺医少药，往往死于旅途。

为此，真德秀在建康创设了两所“安乐庐”，房间 72 间，主要收容途经建康生病的士兵、商人等，并有事务室、管理室、医生居室、

厨房浴室及佛堂神祠、门房室等若干间，规模相当大。对于收容的病人，每人每天供应 1 升米、300 文柴炭钱，并提供病后归乡的路费。

那么，什么是“义阡”呢？其实就是“义冢”。

“义阡”之名起于元丰年间，朱熹曾身体力行过。真德秀在潭州设立“义阡”，专门埋葬军营中无人埋葬和无力埋葬之人。其经费筹措的方式为政府的地租收入，据刘克庄《西山真文忠公行状》记载：

> 拨东西两庄，令军中自佃，公捐其租息，凡营中病者、死未葬者、孕者、嫁若娶者，给散有差。

真德秀设立的“慈幼庄”“安乐庐”和“义阡”等慈善机构，赢得了民心，潭州人为他立生祠：

> 真德秀帅长沙，郡人为立生祠。

中国的慈善事业，历史悠久。汉唐寺院济贫、赈灾、医疗、戒残杀的长盛不衰，宋代养老扶幼事业的勃兴，元医疗救助的兴起，明清民间慈善群体在中国慈善史上首屈一指。更有新中国成立以来，涌现出一批批社会贤达、名流、企业家、离退休干部为水灾、为贫困大中小学生、为艾滋病、白内障的贫困患者，默默从事的慈善救助。

真德秀的慈善义举，在历史长河里熠熠发光。

真德秀为官准则

一

2022 年 5 月，浙江省舟山市定海区小沙街道新建了缪燧纪念馆，馆前矗立着一块“不欺”石。

缪燧是清代定海知县，他坚守“三不欺”的为官准则——为民请命，不欺君父；俯首为牛，不欺黎民；尊儒崇德，不欺初心。

“不欺”是缪燧一生的信条，也是他一生胸襟坦白的真实写照。“不欺”如虹，穿过三百年风雨，依然熠熠生辉。

“不欺”不仅是古代诸多文人、士大夫秉持的道德操守，也是今天从政者所应当谨记的为政箴言。

唐代贾岛在《不欺》诗中写道：“上不欺星辰，下不欺鬼神。”北宋张咏在《三不欺箴》中自勉：“上不敢欺君，下不敢欺民，中不敢欺心。”司马光在《资治通鉴》中谈到治国之道时说：“是故古之王者不欺四海，霸者不欺四邻，善为国者不欺其民，善为家者不欺其亲。”

二

在真德秀身上，我们不难看到“不欺”的道德风范。真德秀用其一生去追求、去实践的“廉、仁、公、勤”四字箴言，是他的为官准则，也是“不欺”的真实写照。

四字箴言具体为：律己以廉，抚民以仁，存心以公，莅事以勤。

何谓“律己以廉”？

真德秀把廉放在首位，他认为，一个不廉洁自律、贪图私利的官员，那怕能力再强，文采再好，政绩再优秀，也是不可称道的。

真德秀希望天下为官之人均能廉洁自律，爱民如子。在知潭州时，他把“廉、仁、公、勤”这四个字写入《咨目呈两通判及职曹官》与僚属共勉，他劝谕同僚要“力修冰蘖之规，各励玉雪之操”。

实际上，无论什么场合，真德秀都坚守着清廉的道德底线，他从不收礼，即使是为母亲庆寿，他都退回礼物，就连各衙门按惯例奉送的礼金，他都一一上账，差人保存充作赈灾救助款。

何谓“抚民以仁”？

真德秀认为，仁政的终极目标是惠民，无论身居相位还是主政一方，他始终把百姓的利益放在首位。

真德秀任江东转运副使时，正值蝗灾、旱灾交接侵袭。他风尘仆仆，遍访父老，还自守灾情最重的广德、太平，并开粮仓赈救，甚至连母亲的金银手饰也全拿出来赈灾。在守泉州时，泉州港是宋代名港，当时由于风气败坏，官吏层层敲诈勒索，外贸大为衰落。真德秀到任后，采取了“整饬吏治”“发展生产”“崇尚风教”“安固海疆”等措施，革前弊、禁重征，深得外商信任，外籍船由原来每年的三四艘增至三十六艘。

真德秀认为，为官一定要“以仁为本”，他劝谕同僚：

各以哀矜恻怛为心，而以残忍掊克为戒。

何谓“存心以公”？

真德秀强调，官员的私欲、私情、私意会危害公心，影响执政公允，因而力主去私。他说：

公生明，私意一萌，则是非易位。

真德秀要求居官者一定要公正，处理政务要不偏不倚。

不管是入朝为官，还是主持地方州郡工作，真德秀都敢仗义执言，针砭政弊。当时南宋朝廷偏安一隅，政治腐败，“贿赂公行，薰染成风，恬不知耻”，外媚于金，输币求和。真德秀对此痛切肌肤。

嘉定元年（1208），真德秀上殿奏边事，不顾忌讳，一疏万言，毅然提出停止向金国输岁贡，终使数十年向金进贡的屈辱历史结束。

真德秀劝谕同僚要以公心主持公道而不徇私情，不接受私请，只有这样才能做到“枉直适宜”，百姓们才会没有冤抑不平之叹。

何谓“莅事以勤”？

真德秀说：

当官者一日不勤，下必有受其弊者。古之圣贤，犹且日昃不食，坐以待旦，况

其余乎？今之世，有勤于吏事者，反以鄙俗目之，而诗酒游宴，则谓之风流娴雅，此政之所以多疵，民之所以受害也。不可不戒。

他还在《政经》中说：

所受者朝廷之爵位，所享者下民之脂膏，一或不勤，则职业隳地，岂不上辜朝寄，而下负民望乎？

真德秀认为，各级官吏“所受者朝廷之爵位，所享者下民之膏脂”，因此为官定要勤谨，为官者如果不勤于政事，那么就会“职业隳弛”。

真德秀处处身先士卒，“视人犹己，忧公如家，积缘思虑之劳，遂得烦悸之疾”，“轸忧民瘼，耗损心气，每一发动，辄经旬月如醉如痴”。真德秀在泉州任上，“事无细大，必躬亲之。每据案决讼，自卯至申未已。或劝啬养精神以当大任，公谓郡计雕弊，无力惠此民，仅有政平讼理二事可勉，苟有不加意，即为不治之州矣”。

三

在山东省邹城市孟庙致敬门门廊内西侧，有一座四面碑——“仁廉公勤”官箴碑。该碑是明万历年间邹县知县梁州彦所立，以策励自己及僚属廉洁勤政。该碑明清时一直立于邹县县衙，20 世纪 50 年代，因旧县衙损毁，该碑移至孟庙致敬门下保存至今。

据宋代叶寘《爱日斋丛抄》记载，“仁廉公勤”四箴言由王迈所撰，追溯源头却是真德秀提出。真德秀是南宋著名的政治家、理学家，嘉定十五年（1222）以湖南安抚使知潭州，到任不久即着手整顿政风，并以抚民以仁、律己以廉、存心以公、莅事以勤——即“仁廉公勤”四字为做官准则来勉励僚属。王迈，南宋诗人，嘉定十年（1217）进士，历任南外睦宗院教授、漳州通判等职，为人刚直敢言。他在任职南外

睦宗院教授时，在真德秀的基础上撰写了“仁廉公勤”四官箴。

“仁廉公勤”官箴碑为四方柱形，四面刻字，碑文竖写，每面五行文字，从右向左前四行各刊一段箴言，每段箴言左下部竖一列刻三字，分别为“右仁箴、右廉箴、右公箴、右勤箴”，勤箴后另附有跋文。四箴均为大字行书，跋文为小字行书。

仁箴碑文大意为：仁心为官，对于百姓的疾苦，就像自己的疾苦，诚意爱护百姓，就像母亲抚育婴儿一样。如今一些为官不仁者，自己贪图享乐，酒池肉林；对百姓则实行严刑峻法，漠不关心百姓的疾苦。这些人的不仁竟然到了这种地步！仁爱百姓，千百年后仍受到敬仰。而今能够继承古道遗风的又有几人？岂能甘为小人之事而不行君子之道？

廉箴碑文大意为：不要认为在暗处做的事别人不知道，其实天不可欺。你不自爱，又怎能欺骗自己的良心呢？你拥有众多的财富，“黄金五六驼，胡椒八百斛”，这些东西有生之年不能使人荣耀，但千百年后可能会留下骂名。为官者应该从政清廉，令人敬仰，让清廉风范传颂古今。

公箴碑文大意为：厚待亲戚，亲近小人，这是周朝太师尹氏不能治理好国家的原因；开诚布公，胸怀坦诚，这是诸葛亮优于其他辅臣的地方。所以说，人心原本如日月光洁，如果受到私欲的侵蚀，就会背离康庄大道。偏听偏信，就会冤屈正直的人而惠及奸佞；喜怒无常，就会赏罚无度。只有公正才能有英明之举，否则便会徇私枉法。

勤箴碑文大意为：华丽的服饰、丰盛的美味，你所有的吃穿用度不都是出自百姓的劳作吗？你住百姓供给的房屋，为何不勤勉做事？你拿着朝廷的俸禄，为何工作懈怠？稍有良心，怎能不感到惭愧呢？古代的君子皆能粗茶淡饭，辛勤劳作，迎难而上，每日如此。自省自励，安然而卧。在这方面，谁能作我们的老师呢？那就是北宋名臣范仲淹

和韩琦。

“仁廉公勤”阐明了仁爱、廉洁、公正、勤政等为政之道，这不仅是为政之道，也是为人之道。

真德秀名垂千古

立德、立功、立言“三不朽”，出自《左传》。

《左传·襄公二十四年》载，春秋时鲁国的叔孙豹与晋国的范宣子曾就何为“死而不朽”展开讨论。范宣子认为，他的祖先从虞、夏、商、周以来世代为贵族，家世显赫，香火不绝，这就是“不朽”。叔孙豹则以为不然，他认为这只能叫做“世禄”而非“不朽”。在他看来，真正的不朽乃是：

太上有立德，其次有立功，其次有立言，虽久不废，此之谓三不朽。

古人用“三不朽”来衡量人生价值，评价人生意义。简而言之，立德就是修养，立功就是建功立业，立言就是著书立说。

古人强调：修身齐家治国平天下。身修才能家齐，家齐才能国治，国治才能天下平。所以，立德为先、为基、为要，美好德行，惠及后人，光耀千古。

一个人活着，既要活出生命的长度，又要活出生活的宽度和生命的高度。这样就需要不仅为自己活着，而且要为他人、为社会、为国家做出应有的贡献，建立功业，方能名垂青史。把自己的研究成果记录下来，著书立说，留给后来人，让他们少走弯路，减少挫折和失败，用先进文化的力量来影响人类的文明进步，功莫大焉，名垂千秋。

宋代的刘宰曾用一首诗来赞美真德秀的人品道德，诗为《贺真参政因以为戒》：

名贤得位古来难，君有高名宇宙间。

愿率众星环北极，要令百世仰西山。

这首诗给予了真德秀极高的评价，真德秀确实是立德、立功、立言的一代典范。立德——他铁骨铮铮，廉洁奉公；立功——他心系百姓，万民拥戴；立言——他力明正学，一部《大学衍义》彪炳千秋。

正史留名。

《宋史·真德秀传》记载：

时史弥远方以爵禄縻天下士，德秀慨然谓刘曰："吾徒须急引去，使庙堂知世亦有不肯为从官之人。"遂力请去，出为秘阁修撰、江东转运副使。……立朝不满十年，奏疏无虑数十万言，皆切当世要务，直声震朝廷。……德秀晚出，独慨然以斯文自任，讲习而服行之。党禁既开，而正学遂明于天下后世，多其力也。

《宋史》中的记载论述，既为后人呈现了一个直臣、诤臣的高大形象，又对真德秀"力明正学"的历史功绩做了一个最有说服力的注脚。

百姓称赞。

潭州百姓自发地为真德秀建"生祠"，建在天妃宫旁边，还画了他的画像，画像旁边题诗一首：

举世知公不爱名，湘人苦欲置丹心。

西天又出一活佛，南极添成两寿星。

几百年方钟闲气，八千春愿祝修龄。

不须更作生祠记，四海苍生口是铭。

真德秀官声显赫，就是靠这样一件件为民作主、替老百姓排忧解难的好事实事民生事累积起来的。

文士泼墨。

清代的张学举在《闽学源流诗》中，有一首专门赞誉真德秀：

堂堂真直院，抗疏动朝端。

长身而广颡，所至人聚观。

奸相嫉儒术，君侧宁久安。

中外剔弊政，匡时力已殚。

晚著《读书记》，恳恳勤铅丹。

斯文日澌灭，浦城回其澜。

戴复古是南宋著名江湖诗派诗人，其《真西山帅长沙祷雨》刻划的是真德秀为民谋福的亲民、爱民形象：

出郭问农事，家家笑语声。

有田皆足水，既雨亦宜晴。

山下溪流急，街头米价平。

明朝闻领客，相见贺秋成。

南宋诗人曾极惊闻真德秀仙逝，赋《挽真西山二首》悼之，其二：

一片诚心并若丹，爱民何止十分宽。

不成中国相司马，空使苍生望谢安。

广益集思今已晚，以明佐圣古来难。

治平一卷黄扉墨，留与君王拭泪看。

宋代刘克庄在《宋资政殿学士赠银青光禄大夫真公行状》中记载：

公少以文词独行朝中，所草大诏令，温厚尔雅，尤为楼公钥赏重。立螭以后言议出处，动关世道，读书传四夷，名节当世三十年间，天下莫不以为社稷之荩臣、道德之宿老。

元代黄震说道：

理宗时，天下所素望其为相者，真德秀文行声迹独重。

明代孙承恩赞曰：

求道孜孜，正学是继。

立朝侃侃，力扶大义。

《衍义》一书，发挥详明。

执此以治，王道以成。

清代全祖望感叹：

西山之望，直继晦翁。

民国钱基博认为：

自朱熹以伪学禁锢，理学之书，刮禁毁绝。德秀晚出，独慨然以明道为己任，讲习服行，诏学者："且将朱文公《四书》涵泳既深，达其旨矣，然后以次及于《太极》《西铭解》《近思录》诸书，如此数年，则于义理之精微，不患无所见矣。又必合知行为一致，讲贯乎此，则必践履乎此，而不堕于空虚无实之病。"于是道学绝而复续，则德秀之力也……其学修齐诚正，本朱熹而肤；其文洞轩辟，依苏轼而达。奏议急言竭论，而纡徐委备以曲尽情事，固苏文所长；碑志综事经物，而提挈顿挫而不冗，则尤苏文所短也。

当代著名学者舒大刚这样评价：

真德秀和魏了翁二人，在理学处于低潮时期站出来为之树立了崇高的地位。在确立理学正统地位的事业中起了关键性的作用。魏、真二人在当时不仅具有高度的理学素养，而且有很高的政治地位，因而

在当时享有极高的声望，加之他们“志同气合”，慨然以斯文为任。魏了翁多次向皇帝上书，力陈推尊理学之必要，真德秀以经筵侍读的身份，不遗余力地给皇帝灌输理学思想，深得理宗的信任。终于使理学正式得到最高统治者的褒扬和肯定。他们在理学发展史上的地位和作用是非常重要的。

孙先英所著《真德秀学术思想研究》评价说：

在南宋末期，真德秀是一位践履笃实的醇儒、政绩彪炳的干才、声誉卓著的词臣。他既是朱熹的再传弟子，又是他的私淑弟子；他既丰富了朱子学说，又是一位实践者，成为朱子学说对社会发生重大影响的见证人，在朱学发展史上举足轻重。

孔妮妮在《真德秀研究》一书中这样写到：

在南宋理学的社会化进程中，真德秀是重要的领军人物。真德秀毕生努力，力图集群体合力在对人际网络、政教网络、文化网络的建构中，逐步将上到天子下到庶民的所有阶层都纳入理学的发展体系中，在晚宋理学由思想领域向社会领域拓展的过程中发挥了重要的作用。

姜广辉著《理学与中国文化》一书中载：

理学发展到南宋理宗时期，开始成为统治阶级的正宗思想。而理学统治地位的确立，联系着两个思想家的名字，一个是真德秀，学者称西山先生；一个是魏了翁，学者称鹤山先生。黄百家说：“从来西山、鹤山并称，如鸟之双翼，车之两轮，不独举也。”……真德秀是继朱熹之后，声望很高的学者，全祖望题《真西山集》说：“乾淳诸老之后，以为正学大宗者，莫如西山。”《心经政经合编序》说：“夫子（真德秀）慨然以斯文为己任，党禁开而正学明，回狂澜于既倒，盖朱子之后一人也。”

真德秀论皇帝长寿之道

真德秀一定也曾仰望星空，深入思考过长生不老这一人生命题。不过，他曾贵为帝师，站立的角度和常人总有不同，他更多的是站在精神的高度和道德的层面，规劝君王如何治国理政、亲民爱民。

端平元年（1234）十二月，真德秀上奏宋理宗，系统性提出了他所认为的帝王长寿之道。

真德秀认为，帝王的长生之道，理应遵循以下五大法则：

一曰，无逸则寿。所谓“无逸”，即作为帝王，不能贪图安逸。

真德秀引用上古的史料说：

昔周之成王盛年嗣位，周公恐其不知稼穑之艰难而乃逸也，则为书以戒王。

这说的是，周成王继位后，周公写了一篇《无逸》告诫成王，不能贪图安逸，应当以殷商为鉴，学习周文王勤政节俭的品质。

真德秀还说，要以敬畏之心，克制贪图安逸之心。何者为敬畏的对象？真德秀提出：

上敬天，下敬民，则游田不敢盘，酒德不敢饫，培养厚而根本强，持守严而心志定，是固辑福之源、曼寿之基也。

这段话的意思是说，君王只有做到上敬苍天，下敬黎民，才不会醉心于游猎，沉迷于酒色。厚德才能载物，严己才能志坚，这才是福运的根源，长寿的基础。

二曰，亲贤则寿。亲贤臣远小人，与帝王长寿有什么关系呢？

真德秀认为，其实，这二者之间关系甚为密切。真德秀引用了《诗经·卷阿》中的诗句：

有冯有翼，有孝有德，以引以翼。

意思是说，有了贤才良士辅佐你，才会品德崇高有权威，才能匡扶相济功绩伟。

有如是之人日侍左右，然后迪其君于道而受天之福也。

意思就是说，有了这样的贤良之士陪伴左右辅佐你，对于君王来说，就是上天所赐之福寿。

三曰，以孝奉先则寿。在此，真德秀提出：

王者以孝事其先，而祖宗亦以寿祉遗其后人也。

意思是说，君王应以孝治天下，作为一个君王，如果能够恭奉先祖，孝顺长辈，那么，祖宗先人必定会护佑子孙后代。

四曰，仁则寿。

仁，是儒家作为人生追求的最高道德规范，孔子政治伦理哲学思想的核心。本义是对人友善、相亲；后来发展为含义广泛的道德范畴，如儒家提倡“仁爱”“仁政”等。

真德秀认为，古人便有“仁者寿”之说，作为君王待人要宽厚大度，要倡行“仁爱”，要广施“仁政”，怀有仁爱之心的人才容易长寿。

五曰，有德则寿。真德秀引用《礼记·中庸》中的几句话来证明这一观点：

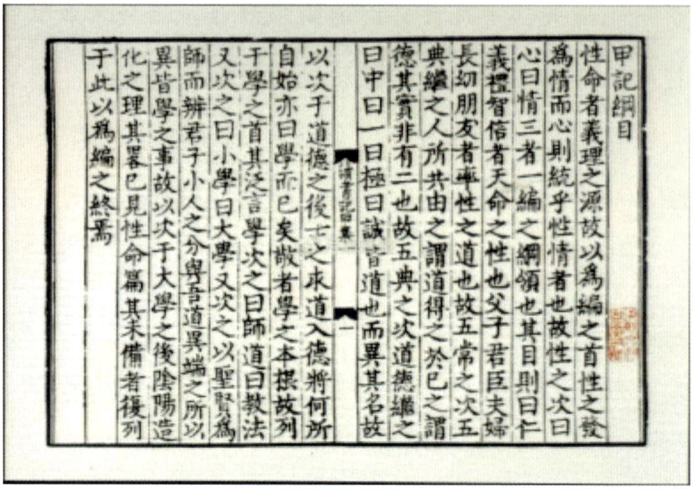

甲記綱目

性命者義理之源故以爲編之首性之發爲情而心則統乎性情者也故性之次曰心曰情三者一編之綱領也其目則曰仁義禮智信者天命之性也父子君臣夫婦長幼朋友者率性之道也故五常之次五典彝之人所共由之謂道得之於己之謂德其實非有二也故五典之次道德繼之曰中曰一曰極曰誠皆道也而異其名故以次于道德之後古之求道入德將何所自始亦曰學而已矣敬者學之本據故列于學之首其泛言學次之曰師道曰教法又次之曰小學曰大學又次之以聖賢爲師而辨君子小人之分與吾道異端之所以異皆學之事故以次于大學之後陰陽造化之理其畧已見性命篇其未備者復列于此以爲編之終焉

讀書記甲集 一

大德必得其位，必得其禄，必得其名，必得其寿。

真德秀认为，大德者必得其寿。就是说，品德高尚的人必然会长寿。真德秀还认为，这种高尚的品德是需要依靠培养的，须“栽者培之”，正如古语所言：

天之生物，因材而笃，栽培倾覆，惟所取焉。

意思就是说，上天生养万物，必定根据它们的资质而厚待它们。能成材的得到培育，不能成材的就遭到淘汰。

真德秀将以上五条长寿法则，称为儒学“圣经之格言，万世人主之药石”。意思是说，这是圣贤经典之格言，万代君王之长寿良方。

真德秀为什么要提出这五条呢？目的就是劝诫宋理宗要以天下为重，要以百姓为重，要吸取历史教训。真德秀说：

人君不知圣贤致寿之道，而溺于神仙方士之术，故汉有文成、少君，唐有柳泌、赵归真辈，皆以荒忽诞幻蛊其君，至于饵药以长年，未有不为所误者。

历史上有很多君王不了解古代圣贤的长寿之道，不是去加强自身的道德修养培养提升，而是一味相信那些江湖骗子的胡言乱语，妄想通过歪门邪道达到延年益寿之目的，所以很可悲地走上了歧途。

真德秀一片忠诚爱国、亲民爱民之心，天地可鉴。不仅向宋理宗

上奏进谏，借延年益寿之话题，发治国理政之宏论，他在陪皇帝读书的时候，还不断进谏进言，苦口婆心地向皇帝传输仁爱思想。

真德秀《西山文集》卷十八《讲筵卷子·大学絜矩章》中有一段话，是这样说的：

> 故为人君者，处宫室之安，则忧民之不足于室庐；服绮绣之华，则忧民之不给于缯絮；享八珍之味，则忧民之饥馁；备六宫之奉，则忧民之旷鳏。以此心推之，使上下尊卑贫富贵贱各得其所欲，有均齐而无偏陂，有方正而无颇邪，此即谓絜矩之道。

这段话中心意思就是请皇帝要时刻把人间疾苦、百姓冷暖放在心中，住在高大华丽的宫殿里，要想到还有人屋不挡雨；穿着锦衣绣裳时，要想到还有人衣不蔽体；吃着山珍海味时，要想到还有人吞糠咽菜；享受着后宫佳丽三千时，要想到还有人鳏寡孤独。所以，皇帝要将心比心，以天下为己任，勤政治邦，让天下百姓都过上丰衣足食的美好生活。

真德秀是一位纯儒、大儒，他的思想根基就是源远流长、博大精深的儒家文化，他必定从中华优秀传统文化中汲取了源源不断的精神滋养。

真德秀以上那段话，很可能从下面这则历史故事中得到了有益的启迪。

唐初郑仁基的女儿，容貌绝世，无人能及。长孙皇后访得后，请唐太宗纳为嫔妃。唐太宗同意了，诏书下颁，但使者尚未出行。魏征知道后，急忙进谏劝阻，原因是郑家女儿已名花有主了。对此唐太宗深深自责，下令停止派遣册封使者，让这个女子回到原定丈夫的身边。

魏征劝阻的理由是："自古有道之主，以百姓之心为心。"后七个字出自《老子》第四十九章："圣人无常心，以百姓心为心。善者，

吾善之；不善者，吾亦善之；德善。”意思是说，圣人是没有私心的，以百姓的心为心。善良的人，我以善良对待；不良的人，我也以善良对待；这样使人同归于善良。

魏征还引用《孟子·梁惠王下》中的几句话劝阻唐太宗：

乐民之乐者，民亦乐其乐；忧民之忧者，民亦忧其忧。

魏征说，君主身居亭台楼阁中，就要让百姓有房子安身；君主吃美肴，就要让百姓不受饥寒之苦；君主环顾左右成群的嫔妃，就要让百姓有婚配成家的欢乐。已有婚约的郑家女儿，陛下怎么能不假思索地要把她娶过来呢？

搬引古代经典规劝皇帝，是历代大臣们进谏时常用的办法，魏徵是高手，真德秀亦是行家。

无逸则寿、亲贤则寿、以孝奉先则寿、仁则寿、有德则寿，这同样适用于我们每个人，也可以成为我们的长寿秘诀。

真德秀深得民心

生前死后，真德秀得到过无数的荣誉，人生的光环在他头顶熠熠生辉。因为政绩显著，真德秀得到不断升迁，以至最后官居副宰相；因为影响巨大，真德秀配祀朱熹，从祀孔庙，追封“浦城伯”，御赐“力明正学”赞誉……

然而，我认为这些都不是真德秀所得到的最高奖赏，他一生中得到的最高奖是——老百姓的夸奖，老百姓的口碑。

正如一个辛勤的农人，日出而作，日落而归，一身汗水，一身疲惫，而当享受到鱼满塘、谷满仓之喜悦时，所有的没日没夜辛劳，转瞬间烟消云散，所有的无怨无悔付出，绽放为脸上一朵幸福的笑花。

我想，面对百姓的认可、拥戴，真德秀一定和农人喜获丰收一样，快且乐着。

无论是江东救灾、二知泉州，还是知隆兴、知潭州、知福州等，真德秀通过自己的一片赤诚之心、一份火热情怀，一身过硬才干，向百姓交上了一份又一份满意的答卷，为人生注上了一个又一个闪光的标点。

《宋史·真德秀传》记载：

江东旱蝗，广德、太平为甚，德秀遂与留守、宪司分所部九郡大讲

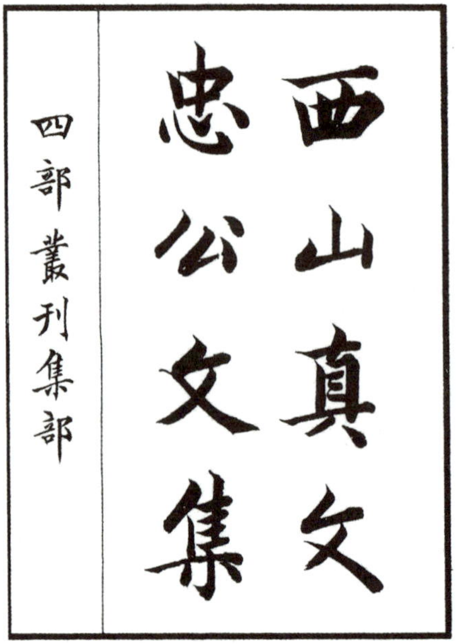

荒政，而自领广德、太平。亲至广德，与太守魏岘同以便宜发廪，使教授林庠振给。竣事而还，百姓数千人送之郊外，指道傍丛冢泣曰：“此皆往岁饿死者，微公，我辈已相随入此矣。”

“百姓数千人送之郊外”，数千百姓，排成一望无际的长龙，为他们的父母官送别，这是百姓以最朴素的方式，表达最真诚的感恩戴德。

真德秀多地为官，无不受到当地百姓如此隆重、热烈、真诚的迎送，这足以说明，真德秀是一个坚守初心、始终如一者。

《宋史·真德秀传》记载：

五年，进徽猷阁、知泉州。迎者塞路，深村百岁老人亦扶杖而出，城中欢声动地。

这是百姓的欢迎场面，“迎者塞路”四个字，简洁明了，掷地有声，将泉州百姓对真德秀的那种祈求天降甘霖似的渴盼展示得淋漓尽致。

《浦城县志》记载：

嘉定十二年，以集英殿修撰改知隆兴府（今江西南昌）。当年七月，德秀便道奉母回乡，乡人遮道塞路迎接。

这是家乡百姓对真德秀的迎接仪式，家乡人民以真德秀为荣，以真德秀为傲，一句“乡人遮道塞路迎接。”表达出父老乡亲，对真德秀这位家乡游子的深情厚意。

《贤臣大儒真德秀传》记载：

六月一日，自福州出发赴京城，邦人竞以彩旗以送。自樵门至舟次，弥望数里不绝。

这又是一个令人热血沸腾的欢送场面，由于真德秀在福州突出的义行、善行、德行，当真德秀离榕时，福州百姓依依不舍，送行百姓“弥望数里不绝”，目送着真德秀一步一步远去……

真德秀为湖南百姓做了诸多实事，桩桩件件，百姓心知肚明，赢得民心。当时，潭州百姓为他立生祠，并有诗书于壁间，其辞曰：“举世知公不爱名，湘人苦欲置丹心。西天又出一活佛，南极添成两寿星。几百年方钟间气，八千春愿祝修龄。不须更作生祠记，四海苍生口是铭。”这是发自民心的肺腑之言。

……

对于真德秀来说，此类事例不胜枚举。

深得民心——这就是真德秀为官从政最闪光的政绩。

真德秀谥“文忠”

从国家正史到地方志书，撰写真德秀传记时，无不例外地提及“文忠”二字。

《宋史·真德秀传》：

既薨，上思之不置，谥曰文忠。

《福建通志·真德秀传》：

旋卒，理宗闻耗，中辍视朝，赠银青光禄大夫，谥文忠。

《浦城县志·真德秀传》：

端平二年，知贡举，事竣，升参知政事。其时德秀又得疾，三上表乞祠，四月，授资政殿大学士提举万寿宫兼侍读。次年，病重，五月十日卒，赠银青光禄大夫，谥文忠。

文忠，是真德秀的谥号，是对真德秀历史贡献、历史地位的盖棺定论，因而，后世尊称其为“真文忠公”，刘克庄为其撰写的行状叫《西山真文忠公行状》，后人为其编辑的文集亦称《西山先生真文忠公文集》。

不是什么人都可以定谥号的，而定谥为“文忠”，更是非一般常人所能企及。

谥号，是指社会地位相对较高人物死之后，后人按其生平事迹进行评定后给予或褒或贬评价的文字，是用来高度概括一个历史人物生

平的称号。

更难能可贵的是，真德秀是福建宋代以来，定谥为“文忠”者第一人。

关于真德秀的谥号，余奎元先生所著的《贤臣大儒真德秀》一书中有如是记述：

这时，真德秀子志道将家录行状送尚书省请谥，移太常礼院议定，经考功审复，宰相判定，奏呈理宗，谥为“文忠”。根据谥法，修德来远、慈惠爱友、道德博闻为“文”，盛衰纯国、危身奉上，推能尽忠、廉方公正、临患不忘国为“忠”，真德秀的谥号为“文忠”是非常贴切的。

叶绍翁的《四朝闻见录》甲集《三文忠》记载了当时的一些传言。

真德秀与欧阳修一样初谥为文忠，有的人认为有些太过，欲以王十朋的谥名谥真德秀。王十朋（1112—1171），宋温州乐清（今属浙江）人，字龟龄，号梅溪，绍兴二十七年（1157）状元，官至起居舍人，侍御史等。孝宗立，力陈抗金恢复大计，任地方官时，救灾除弊，颇有政绩。去世后谥“忠文”。真志道以“政府祭公文，皆谓公无愧于欧阳，未尝以予父以梅溪也”。相府无复辩，仍用初谥。

后来，叶绍翁将记载传言的《四朝闻见录》呈示给程公许。程公许，字季与，一字希颖，人称沧州先生，眉州（今属四川）人。嘉定四年（1211）进士，官至权刑部尚书，立朝刚正，为文才气磅礴。

程公许给叶绍翁回了一封信函，称：

《闻见录》所记西山谥议一段，是时任奉常，为博士。所订“文忠”二字，实参考公论，与长官同僚商订累日，而后敢落笔。间有一二公以为太过，然予此谥者，上下无异词，故议下考功复议，亦以为当。当时却不闻其家子弟与政府辩论一节，架阁公（即真志道）后入朝，亦未尝一访。建安诸贤及尝登西山之门者，亦颇相称尚。

程公许是真德秀谥文的起草者，他此函澄清了事实。当时谥为“文忠”，上下都无异词，也没有真志道与政府辩论一事，而且，真德秀的同乡建安府在京的官员和他的门生都称得体。

由此可见，真德秀定谥“文忠”，当之无愧！

中篇

一代大儒真德秀

大儒，指学识渊博、品德高尚的知识分子，也叫鸿儒。在我国历史上出现的大儒很多，如孔子、孟子、朱熹、顾炎武等。

真德秀故居高悬“力明正学”牌匾

不管是谁，只要走进坐落于浦城县仙阳镇的“西山故居”，无不被高高悬挂于前殿正中的那块“力明正学”匾额所吸引，最主要的原因是，“力明正学”四个大字为康熙帝御笔。对于一个小山城来说，这可是不寻常之事；而对于真德秀来说，这更是他至高无上的荣耀。

这四字匾额和李颙有关。

李颙（1627—1705），字中孚，号二曲，又号土室病夫。陕西盩厔（今周至）人。清初著名学者、哲学家，与孙奇逢、黄宗羲并称“三大鸿儒”。

李二曲是一个勤奋苦读的人。他出身贫寒，家计艰难，靠打柴换米勉强度日。因无钱进私塾读书，便立志刻苦自学，终日手不释卷。

李二曲是一个十分孝顺且意志坚定的人。其父亲在襄阳作战中阵亡，康熙九年（1670），他竟然徒步去襄城寻找父亲遗骨。

李二曲还是一个淡泊名利的人。康熙十二年（1673），陕西总督鄂善三次才聘得他到关中书院讲学，又推荐他做官。可是，当朝廷专门派遣官员到陕催他进京时，他却坚辞不出。康熙十七年，礼部再次举荐他作官，康熙派使登门相请，他却以绝食和自刺相对抗。

康熙四十二年（1703），康熙帝西巡到陕西，在接见陕西督抚时，问起了李二曲，并说，我久闻先生大名，今天来到了陕西西安，很想

见一见他。但是，此时的李二曲已是 70 多岁的高龄，并且得病卧床，根本无法面见皇帝。听到此消息后，康熙叹了一口气，说：“既然老人家年纪大身体又不好，那就不要勉强了。”

不过，李二曲虽然有病不能见皇帝，他还是叫他的儿子李慎言来到皇帝面前，向皇帝道一声歉意，同时，把李二曲的两部著作《关中李二曲先生全集》和《四书反身录》敬献给康熙。康熙亲书“志操高洁”四字及诗作一幅赠给李二曲。

李颙很喜欢真德秀的《大学衍义》一书，当年家贫，便向他人借来《大学衍义》认真研读。并且，在他献给康熙的《二曲集》和《四书反身录》中多次提到《大学衍义》，而且多处加以引用。

如此一来，真德秀、李二曲和康熙帝三个人也就便联系上了。

康熙回到京城后，很喜欢李二曲的两部著作，经常捧在手中拜读，在悉读二书之后，认为书中有关真德秀的论述，对当时吏治的治理确有实际意义，因而于康熙四十五年（1706）御书“力明正学”四字，由考官沈涵赴京领回，赐予真德秀故居。

其实，这里所说的“真德秀故居”，并不是仙阳的“西山故居”，而是浦城城关的“宋贤真夫子祠”。

宋贤真夫子祠，又名“西山精舍”，即西山书院。宋宝庆三年（1227），真德秀由浦城仙阳迁居至此而建。元延祐四年（1317）四月，朝廷题名为“西山书院”。至明洪武九年（1376），县丞朱德昌在旧址上重建。清同治八年（1869），真氏后裔又在原址重建，于仪门署曰“宋贤真夫子祠”。

也就是说，康熙亲题的“力明正学”匾额，最初是悬挂在“宋贤真夫子祠”内，现在仙阳“西山故居”内的那块匾额是一块复制品。

但是，不管怎么说，“力明正学”四个字是康熙帝真迹，这一点，是毫无疑问的。当我们抬头仰望这块高高悬挂的匾额时，作为浦城人，我们骄傲之情油然而生——真德秀委实是浦城当之无愧的先贤！

真德秀家乡曾立“大儒坊”

浦城历史上，也曾建有不少的牌坊。关于这一点，《浦城县志》有如是记载：“博学宏词坊、西山故里坊、折桂坊、云路坊、云梯坊、凌云坊、青云坊、锦标坊、进士坊（四处）、起风坊、擢冠坊、兴贤坊、步蟾坊（二处）、步瀛坊、应奎坊、登云坊（二处）、义民坊（二处）、腾霄坊、毓贤坊、蜚英坊、名贤坊、联壁坊、大儒坊、青琐侍臣坊、重奎坊、方伯坊、藩垣坊、双风坊、恩荣坊、科第坊、孝子坊（三处）、父子京卿坊、德政坊、饱德坊、慈母坊、绣衣坊、荣禄坊、百岁坊、忠烈坊、两贤济美坊等四十八处，节孝坊六十三处。均圮。”

其中，有三处牌坊与真德秀有直接关系，那就是博学宏词坊、西山故里坊和大儒坊。

蒋仁《古坊表考察》一文对这三处牌坊有如下记述：博

学宏词坊，在仙阳镇，真德秀故宅前，为真德秀于宋开禧元年（1205）再登博学宏词科而立。西山故里坊，在仙阳镇，元延祐四年（1317）为宋儒真德秀立，清道光二十八年（1848）里人重建。大儒坊，在城区棋盘街正中，为宋真德秀立，明嘉靖（1522—1566）中裔孙庆建；明隆庆（1567—1572）知县詹全觉重建；明万历（1573—1620）中，知县王训修；清康熙（1662—1722）间，裔孙祖荫重建；清乾隆四十七年（1782）砌砖鼎建。

在真德秀的三座牌坊中，大儒坊，是其中最重要、最有分量的一座。因为，真德秀是著名的一代大儒，尤其是为理学确立正宗地位，立下不世之功。

《宋史·真德秀传》记载：

党禁既开，而正学遂明于天下后世，多其力也。

这个评价，是相当中肯和十分公正的。

庆元元年（1195）冬天，南宋王朝遭遇上了政治文化上的冬天——庆元党禁。

庆元党禁，也称伪学逆党之禁，指南宋宁宗庆元年间韩侂胄打击政敌的政治事件。

宁宗赵扩即位后，赵汝愚因为拥立赵扩有功，拜为右相，韩侂胄升为枢密都承旨。但是，两个人不和，嫌隙日深。庆元元年（1195）二月，韩侂胄指使谏官上奏，说赵汝愚以宗室居相位不利于社稷，不能继续为相。赵扩是一个耳朵根很软的皇帝，便将赵汝愚贬至永州（今属湖南），后来，赵汝愚死于贬所永州。

对于赵汝愚被贬这件事，朱熹、彭龟年等人上奏，表示不满。韩侂胄当政后，怀恨在心，大搞打击报复，凡是与他意见不合者都被称为“道学之人”，后又斥道学为“伪学”，禁毁理学家的语录一类书籍。

科举考试中，稍涉义理之学者，一律不予录取，《论语》《孟子》《中庸》《大学》之书为世之大禁。

当年，朱熹因监察御使沈继祖弹核，被革职。次年，朝廷连续下诏令“自今权臣、伪学之党，勿除在内差遣”；各中央衙门、各路州规定“荐举改官，勿用伪学之人”；“省部级伪学姓名”（即开列黑名单）。举荐人才时，荐举人必须在文书上申明此人“不是伪学，如是伪学，甘服朝典”，这样的政治规定甚是严厉。

从嘉定元年（1208）到嘉定七年这七年间，真德秀奏札约十九封，内容涉及言论、楮币、边事等方面的时弊，要求宁宗以“正心诚意”“修身洁己”的朱学为指导方针，广开言路、重用理学人士。

真德秀二次立朝虽然仅三个月，但作为理宗侍读，真德秀仍竭力向年轻皇帝灌输朱学。

史弥远死后，理宗亲政，真德秀第三次如朝，这次作为经筵侍读。他反复申进“祈天永命”之说。他强调：“祈天永命为心，亲信仁贤、修举德政，则国势屹然有泰山磐石质固，虽百敌国，其何能为？”真德秀还不失时机地向理宗诵读朱熹等理学家的著述，传授正心修身之要，灌输朱子学说，劝君正心修身。

在理学官化的过程中，真德秀发挥了不可替代的作用。

对于这一点，除了正史记载，历史上许多名人多有论述，不少书籍中也多有记载。

明代林弼说：

自洛学既南，徽国朱文公集诸儒之大成。道学之明，炳如日星矣。真文忠公虽后出，而能发明朱子之学。若《读书记》《大学衍义》诸书，至今为学者所宗，为有国所崇。方之孟氏明夫子之道，盖世虽异而事略同焉。

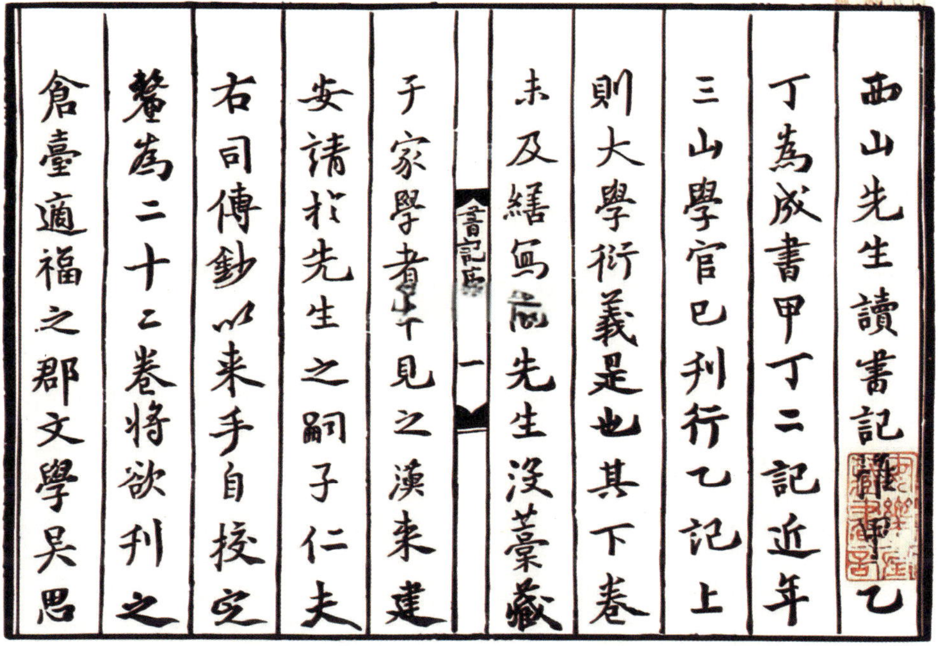

西山先生讀書記序甲乙
丁為成書甲丁二記近年
三山學官已刊行乙記上
則大學衍義是也其下卷
未及繕寫而先生沒藁藏
書記序　一
于家學者罕見之漢來建
安請於先生之嗣子仁夫
右司傳鈔以來手自校定
釐為二十二卷將欲刊之
倉臺適福之郡文學吴思

黄榦称赞真德秀说：

屡进危言，力扶大义。公论藉以开明，善类为之踊跃。枘凿难合，勇退急流，此风不闻于世久矣。

元代的方回在真德秀的《心经政经合编序》里则称其功道：

党禁开而正学明，回狂澜于既倒，盖朱子后一人也。

孙先英所著的《真德秀学术思想研究》评价说：

在南宋末期，真德秀是一位践履笃实的醇儒、政绩彪炳的干才、声誉卓著的词臣。他既是朱熹的再传弟子，又是他的私淑弟子；他既丰富了朱子学说，又是一位实践者，成为朱子学说对社会发生重大影响的见证人，在朱学发展史上举足轻重。

……

从以上的论述来看，真德秀对于确立理学正宗地位，的确是功不

可没。

大儒坊，亦称“真夫子大儒坊”，建于浦城城区棋盘街正中，这可是不得了的荣耀。

清咸丰以来，浦城县商业贸易中心为十字街（即现在的爱民路和皇华山路的交叉处）。这里，店屋栉比鳞次，街道热闹，市场繁荣。街口，有一幢“添灯楼”，夜间楼上挂一盏明灯，照耀着行人，因此，后来人们把这十字街口称为“添灯下”。

十字街之东，自添灯楼至现爱民街一段，行人密集，旧时称为“市心街”。十字街之南，是添灯楼正门，至南门头城门为止。十字街之北，自添灯楼至今大圆弧中心点附近。

而棋盘街，位于十字街之西，自添灯楼至棋盘街前街头（今胜利路 23 号附近）和后街头。两街头之间有一口水井，传说为“美人献花”，称为“女儿井”。西片的市场最为繁荣，米市、鱼肉、蔬菜、小摊贩、茶馆等交错其间，人群川流不息。

在如此热闹非凡的棋盘街正中，为真德秀建立“大儒坊”，浦城人民对这位著名先贤的尊崇，天地可鉴。

真德秀的《大学衍义》

一代大儒真德秀著作等身，而他最被世人尊崇并且影响最大的代表作便是《大学衍义》。此书因《大学》之义而推衍议论，故名《大学衍义》。

《大学》原本是《礼记》中的一篇，在南宋之前从未单独刊印，传为孔子弟子曾参所作。南宋朱熹把《大学》从《礼记》中抽出来，与《中庸》《论语》《孟子》并列，到朱熹撰《四书章句集注》时，便成了“四书”之一。

《大学》提出的“三纲领”（明明德、亲民、止于至善）和“八条目”（格物、致知、诚意、正心、修身、齐家、治国、平天下），强调修己是治人的前提，修己的目的是为了治国平天下，说明治国平天下和个人道德修养的一致性。

《大学衍义》是真德秀于绍定二年（1229）完成的巨著。此书因《大学》之义而推衍议论，故名《大学衍义》。真德秀借《大学》之义，本书写了四纲十二目，四纲即《格物致知》《诚意正心》《修身》《齐家》，十二目即“明道术、辨人材、审治体、察民情、崇敬畏，戒逸欲、谨言行，正威仪、重妃匹，严内治，定国本，教戚属”，全书论述皆暗喻时政，以正本清源为旨。

在《大学衍义》中，真德秀认为治国的根本是君主，他说：

> 朝廷者，天下之本。人君者，朝廷之本。而心者，又人君之本也。人君能正其心，湛然清明，物莫能惑，则发号施令罔不有臧，而朝廷正矣。朝廷正则贤不肖有别，君子小人不相易位，而百官正矣。

由此可以看出，在他看来，正君心是很重要的。应该放到第一位。

真德秀以衍义这种通俗的形式来传播朱学，对后世有筚路蓝缕之功，使朱学从纯哲学的圣坛上走了下来，加速了其平民化的进程。

《大学衍义》主要采取以下手段，把朱学理论通俗化。

第一，经典与阐述相结合。古代圣人先贤如尧、舜、禹、汤、文、武、周公、孔子、孟子等人的有关论述，用近世大儒的经典阐述，再加上自己的按语，就使得《大学衍义》所阐述的理论深入浅出，既有抽象的理论，又有可供借鉴的史实。以《大学衍义》卷二《大禹谟》为例，首条列出《尚书·大禹谟》“帝曰：来禹！人心惟危，道心惟危，惟精惟一，允执厥中”，以下各条分别列出禹、汤、伊尹、周公、文王、武王论心格言，再在每一格言下附上周敦颐、二程和朱熹等人论心理论，最后加上真德秀自己的按语。如此，建立了一套明体实用的帝王之学，为帝王之治描绘了一幅他自认为可行的蓝图。全书虽偏重于内圣，但最终目的还是在经世致用的外王。如此，真德秀使《大学衍义》在朱学传统上就负起了更为重要的使命。

第二，亦经亦史，经史结合，具体可感。《大学衍义》没有作长篇的发挥，而是将观点的诠释与历史经验贯通融合，力求将朱学理论与现实政治一一对应，如此便通俗化了朱学。如在《大学衍义》卷四，他列举了商朝高宗、周代成王、汉高祖、汉文帝、汉景帝、汉武帝、汉宣帝等为学的历史事例，阐述了圣人、君王为学之本后，指出君王只有寄心于圣贤，才能成为圣贤之君。又如“教戚属外家谦谨之福”条，先总论“外家骄恣之祸”，接着加上自己按语。说：

桓帝昏庸之主也。然能不以梁冀之援立为私恩，而勇于除天下之大贼，惜其不谋之公卿近臣，而谋之阉寺，冀虽诛而五侯复横，卒以趣汉于亡，吁，可叹哉！……臣按：宗室外戚共辅朝政，虽非先王之令典，然以外戚独专其任，又曷若与宗室共之为公邪？骏欲大政一出于己，故抵排汝南王亮，不使居内，其心本欲擅宠也，而不知祸乱之阶，乃由此起，吁，可戒哉！……臣按：晋氏以不仁得天下，立国之基未固也。而外戚相继用事，皆凶残不道，趣国于亡。盖愍怀废而贾后死，贾后死而赵王篡，由是诸王举兵，迭相攻讨，刘渊、石勒乘时而起，遂据中原，由晋氏骨肉相残，先为戎狄之行，故戎狄得以灭之也。然则兆斯乱者，非杨、贾而谁哉！

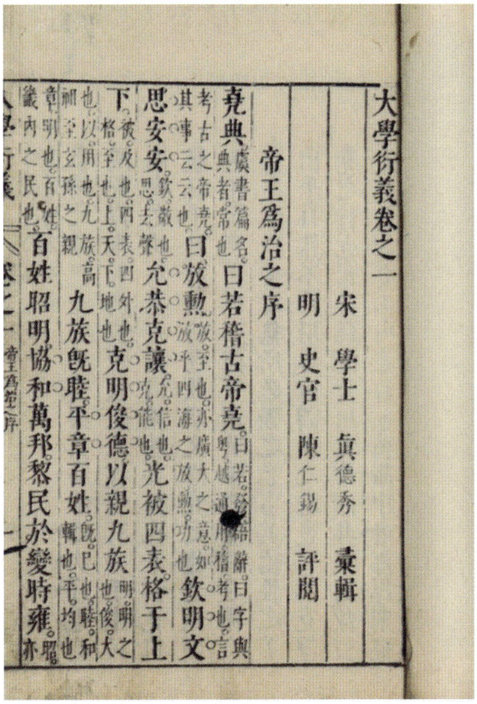
大學衍義卷之一
宋 學士 眞德秀 纂輯
明 史官 陳仁錫 評閱
帝王爲治之序
堯典虞書篇名典者常也曰若稽古帝堯曰若發語辭曰字與粵越通用稽考也言考古之帝堯其事云云也曰放勳放至也亦廣大之意如放乎四海之放勳功也欽明文思安安欽敬也思去聲允恭克讓允信也克能也光被四表格于上下被及也四表四外也格至也上天下地也克明俊德以親九族明明之也俊大也以用也九族高祖至玄孫之親九族既睦平章百姓既已也睦和輯也平均也章明也百姓畿內之民也百姓昭明協和萬邦黎民於變時雍昭亦
大學衍義 卷之一 帝王爲治之序

《大学衍义》还用大量的历史事实，作为反面的教材。如商纣凿酒池、造肉林，秦二世作始皇陵，隋炀帝三下江都等等。又如《大学衍义》卷十三中，真德秀列举了齐威王、齐宣王、燕昭王、秦始皇、汉武帝等痴迷神仙以求长生的愚妄之举。他认为这都是君主纵欲所致，主张君主节欲修德。

《大学衍义》对后世产生了深远的影响，历代文人学者、统治者对真德秀的《大学衍义》都给予极高的评价。

有一则历史轶事，感人至深。

明代谢肇淛所著的《五杂组》载：

陆秀夫于航海之日，负十岁幼主而日书《大学衍义》以讲。

意思就是说，陆秀夫在背负少帝投海前的一段时日，还天天教少帝抄写《大学衍义》，给少帝讲解《大学衍义》。这说明，《大学衍义》一书在陆秀夫心中占据了多么重要的分量。

陆秀夫（1236—1279），字君实，中国南宋末抗元大臣。陆秀夫幼时，与其兄陆清夫一同前往孟氏学馆，拜京口名儒孟逢大、孟逢原为师。1255 年，陆秀夫参加州府考试，名列榜首。而后潜心研究程朱理学，同时博览群书，注重研究宋代名臣政治主张与辽、金的兴亡，以及蒙古人崛起的经验教训。1275 年，元朝兵马进攻宋朝，陆秀夫与李庭芝誓死抗敌，而后陆秀夫被推荐给朝廷，官至礼部侍郎。1278 年初，益王赵昰死，群臣多欲散去，陆秀夫勉励群臣，再立 8 岁的卫王赵昺为帝，改元祥兴，任左丞相，与张世杰同执朝政。1279 年，张弘范攻崖山，宋军大败。陆秀夫遂驱妻子入海，自己则背负着少帝昺投海而死。

元朝太常博士胡助是这样评价真德秀和真德秀的《大学衍义》的：

乾淳正绪，斯文未坠。考亭既没，西山起继。惟西山公，国之元气。忠君爱民，恳恳独至。高牙大纛，仁风滂沛。金马玉堂，淋漓草制。将登政府，参赞补缀。夫何衰运，天夺其志。《读书》之记，《大学》之义。伊公生平，羽翼六艺。形于小像，德容温粹。门人宝之，一瞻三喟。

明代杨廉《大学衍义节略序》称：

德秀之书，至当至精，至切至要。

明崇祯八年（1635），兵科给事中魏呈润《重刻大学衍义序》盛赞《大学衍义》：

真御世之神骏，而致主之元龟也。

崇祯十一年，进士丁辛在《重刻大学衍义序》也称：

先生（指真德秀）良舵师也。总统乎千圣之精微，罗络乎百氏之同异，扬剪裁，蔚为大编。

真德秀的《大学衍义》被历代帝王奉为圭臬。

元至大四年（1311），元仁宗为皇太子时，就命詹事王约对《大学衍义》节而译之，说“治天下，此一书足矣”。并命刊行，赐臣下。

明朝，“（太祖朱元璋）尝问以帝王之学，何书为要，濂（宋濂）举《大学衍义》。乃命大书揭之殿两庑壁。”

明永乐九年（1411）三月，明成祖御制《大学衍义赞文》：

道宗孔孟，德贯周张。蕴渊源之学，魁宏词之场。历代封谥，朕朝逾光。噫，先生之崇祀也，不惟与山川之悠久，抑并宇宙之无疆。

清康熙非常重视《大学衍义》。康熙十二年（1673），赐八旗官学翻译《大学衍义》。

乾隆二年（1737），乾隆为《大学衍义》亲制五言诗一首：

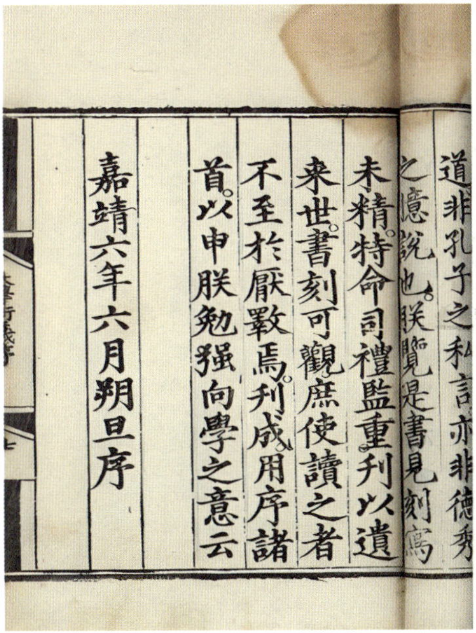
道非孔子之私言亦非德秀
之臆說也朕覽是書見刻寫
未精特命司禮監重刊以遺
來世書刻可觀庶使讀之者
不至於厭斁焉刊成用序諸
首以申朕勉強向學之意云
嘉靖六年六月朔旦序

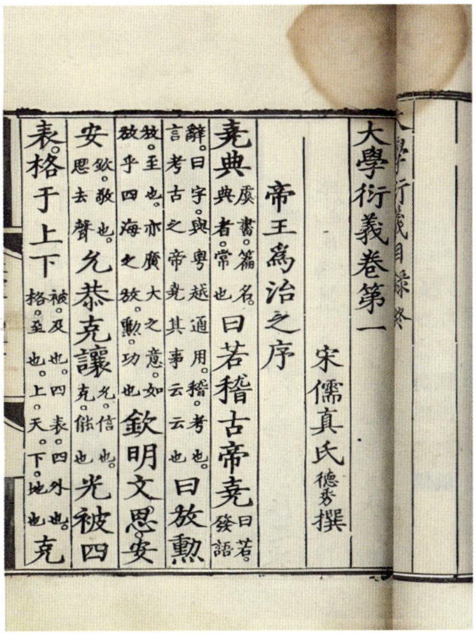
大學衍義卷第一
宋儒真氏德秀撰
帝王爲治之序
堯典虞書篇名典者常也曰若稽古帝堯曰若發語
辭曰字與粵越通用稽考也言考古之帝堯其事云云也曰放勳
放至也亦廣大之意如放乎四海之放勳功也欽明文思安
安欽敬也思去聲允恭克讓允信也克能也光被四
表格于上下被及也四表四外也格至也上天下地也克

晴窗披典坟，望古兴遐想。

眷惟希元翁，体道粹涵养。

著有《衍义》书，妙蕴资寻访。

大含亦细入，濠泓包万象。

孔曾绪不坠，千载揭昭朗。

读书思其人，高山欣景仰。

乾隆还为《大学衍义》作跋：

《衍义》集群书之大成而标入道的程式也，近自修身，远及治国。

读是书者，由其书以求其事之当否，由其事以观乎道之离合，然后本之身而验之行事，则所以修己化民者不难矣。

《大学衍义》不仅国内流布，而且还在国外产生了重大的影响。

越南嘉隆八年（1809），清朝商人将此书带到越南，北城总镇阮文诚将此书献给嘉隆帝。嘉隆帝读后，即诏谕重印，颁发各地，供国人学习。

真德秀与浦城理学十三子

一

南浦书院，是浦城教育的一处重要圣地，是浦城文化的一张历史文化名片。

曾任南浦书院主讲的梁章钜在《城西祝翁捐充书院经费碑记》中称："尝综吾闽数十州邑，书院之盛者，必以南浦，次鳌峰。"鳌峰

书院，位于福州九仙山鳌峰北麓，曾培养出林则徐、梁章钜、陈化成、陈际亮等一大批国之栋梁、学界精英，梁章钜也曾就学其中。他首推南浦、次列鳌峰，其言当可信。

南浦书院，始建者为吴镛。

清乾隆二十七年（1762）十月，浦城迎来了新一任父母官吴镛。这位知县，有两个特点：其一，特别重视教书育人，他“尤孜孜以教养为务”。其二，挺能听得进群众的意见，“应浦城乡绅办学要求，次年从城东越王山（今名仙楼山）西麓越山道院划出一半，倡建书院，初称南浦讲堂，后称南浦书院。”

乾隆五十五年（1790）、嘉庆八年（1803），南浦书院曾两度增修。光绪三十三年（1907），南浦书院改为全县第一所两等小学堂。民国期间，在此开办简易师范学校。新中国成立后为县教师进修学校，并延用至今。

二

浦城是朱子过化之地，西山真夫子之乡，崇尚理学的风气久盛不衰。

南浦书院创办之初，就在讲堂上奉宋理学十三子像位。至光绪十年（1884）修建南浦书院时，又于讲堂左边建理学十三子祠。理学十三子是有功于理学的十三位浦城人：章望之、练绘、黄锾、潘殖、萧顗、詹体仁、杨与立、杨道夫、杨骧、杨若海、张彦清、叶文炳、真德秀。

浦城人为什么要在南浦书院内设“浦城理学十三子祠”呢？关于这个问题，余奎元先生在《南浦书院与理学十三子祠》一文中，是这样记述的：

在南浦书院内添筑理学十三子祠，是当地士人长期商议的结果。时论以为浦城系理学名邦，以西山真氏为最著，而在真氏之前即有亲炙紫阳之学者多人，且朱熹之前已有衍道南之绪者，他们或传经以存道，或志道以明经，师友渊源历历可数，其有功于理学昭昭者 13 人：章望之、练绘、黄锾、潘殖、萧顗、詹体仁、杨与立、杨道夫、杨骧、杨若海、张彦清、叶文炳、真德秀。为使后辈所向往，以备士儒岁时瞻仰，故在南浦书院讲堂特建十三子祠。十三子中，章望之为宋初理学家，练绘与杨时同游程颐之门，黄锾、萧顗为杨时学生，潘殖为刘勉之、胡宪、刘子翚友，詹体仁、杨与立、杨骧、杨道夫、张彦清、叶文炳为朱熹弟子，真德秀为朱熹私淑弟子。

三

浦城理学十三子中，真德秀名气最大，对理学的贡献也最大。从

浦城理学传承这条脉络来说，真德秀与浦城理学十三子存在着承上启下的必然联系，而与其中的几位，存在着直接或间接的密切关联。

萧顗，字子庄。天资朴实，从学杨时后，学问大有长进。与李郁、陈渊、罗从彦同学，晚年举官流主簿。朱子的父亲朱松进士及第后，得悉萧顗从学杨时归来，即赴浦城拜萧顗为师，朱松赴京任职，将妻祝氏和 7 岁的儿子朱熹寄居萧顗家，朱熹在萧顗家开始接受正规的儒家教育。

从这里而论，萧顗是朱熹父亲朱松的老师，而朱松肯定是朱熹的第一位启蒙之师，再者，真德秀的老师詹体仁是朱熹的学生，如此，萧顗绝对是真德秀祖师辈之师了。

这种渊源，不可谓不深。

应该说，真德秀与詹体仁的关系最为紧密，詹体仁是朱熹的学生，是真德秀的老师，是真德秀迈入朱门的引路人。

真德秀与十三子中的叶文炳和张彦清的关系也很是密切，他为这

南浦书院暨越山图

二人写了墓志铭。

叶文炳（1150—1216），字晦叔，浦城古楼乡叶家山人。在家时，叶文炳便曾数次致书请教朱子。宋淳熙十一年（1184）考中进士，授晋江主簿，到任时，又向朱子请教如何为官临民。叶文炳牢记朱子教诲，平生清廉自律。

叶文炳去世后，真德秀为他作墓志铭，称：

余之生后公二十九年，嘉泰甲子同试士三山，相与厚甚，每心敬其为人。

此外，真德秀与叶文炳还有亲戚关系。叶文炳的长孙女嫁给他岳父杨圭的孙儿杨继祖，次孙女嫁给赵宋宗室的赵宗滋，真德秀的儿媳妇亦为赵宋宗室。

张彦清（1155—1218），字叔澄，绍熙元年（1190）进士。授光泽主簿，与李吕从学朱子，研究理学。宋庆元二年（1196），他被派往福州试士，这时理学被斥为“伪学”，同僚以是斥责理学，唯有张彦清一人坚持不同观点，力排众议。

真德秀亦常向张彦清请教，真德秀称其学以“孝、友、忠、信为根本，以廉洁劲挺为质干”。张彦清去世后，真德秀为他作墓志铭，称：

予之生，后公二十有一年，蒙知奖辱开教极不浅。

又为他作祭文称：

某之与君情深义厚。

追莫之行，不得执其绋；临穴之际，不得抚其柩，而不胜自咎也。

真德秀说，先生对我的教诲令我受益匪浅，可是，先生去世时，我不能前往送您最后一程，实在是终生愧疚。

同为理学家的真德秀，和章望之、练绘、黄锾、潘殖、杨与立、杨道夫、杨骧、杨若海等，也自然有着精神上的碰撞和情感上的交流。

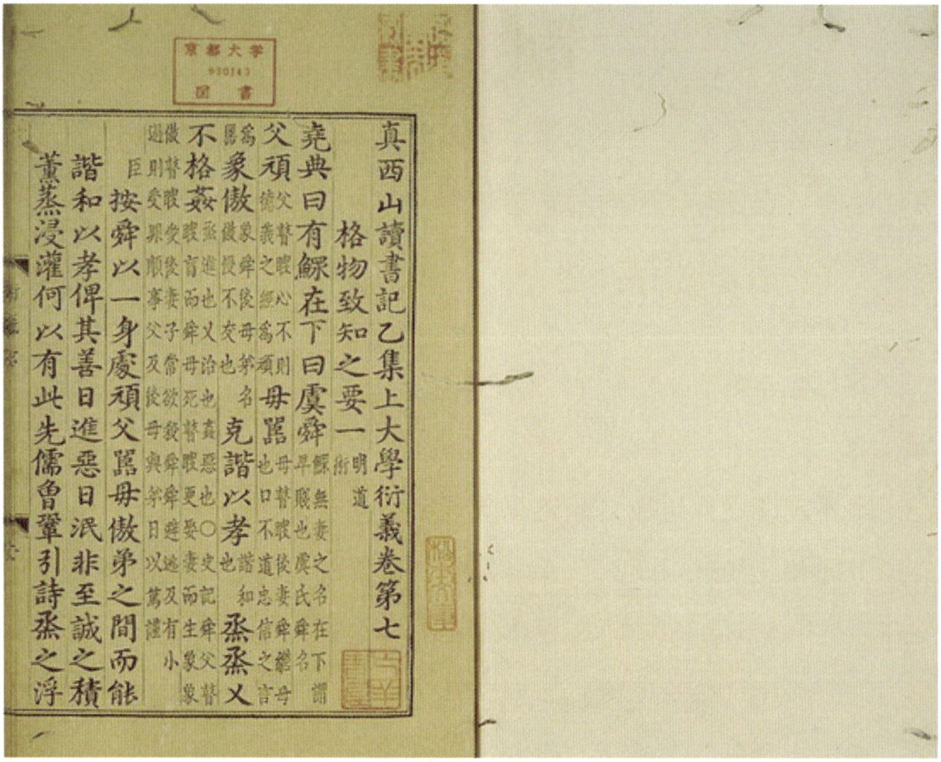
真西山讀書記乙集上大學衍義卷第七
格物致知之要一 明道術
堯典曰有鰥在下曰虞舜 鰥無妻之名在下謂舜早賤也虞氏舜名
父頑 父瞽瞍心不則德義之經為頑 母嚚 母瞽瞍後妻舜繼母口不道忠信之言
為嚚 象傲 象舜後母弟名傲慢不友也 克諧以孝 諧和也 烝烝乂
不格姦 烝進也乂治也姦惡也○史記舜父瞽瞍盲而舜母死瞽瞍更娶妻而生象
傲瞽瞍愛後妻子常欲殺舜舜避逃及有小過則受罪順事父及後母與弟日以篤謹
臣按舜以一身處頑父嚚母傲弟之間而能
諧和以孝俾其善日進惡日泯非至誠之積
薰蒸浸灌何以有此先儒曾鞏引詩烝之浮

毫无疑问，真德秀必定从这些前辈、师长、好友中，汲取了丰厚的文化和精神滋养，甚至可以说，真德秀是站在这些理学精英坚实肩膀上茁壮成长起来的一代大儒。

真德秀的诗和远方

一

真德秀写过许多的劝农诗，真德秀的劝农诗，平和通俗，如亲人把酒话桑麻，如朋友娓娓叙情谊。

真德秀忠贞爱国，廉声卓著，政绩斐然，深受百姓爱戴。嘉定十六年（1223），真德秀以宝谟阁待制、湖南安抚使知潭州。他任内

免榷酤，建惠民仓、慈幼仓，在12个县置社仓，并置义田，留心农政，劝谕耕稼。他在任内曾写下《长沙劝耕》组诗10首，现抄录二首如下：

长沙劝耕　其一

是州皆有劝农文，父老听来似不闻。

只为空言难感动，须将实意写殷勤。

长沙劝耕　其二

使君元起自锄犁，田野辛勤事总知。

要为尔民除十害，肯容苛政夺三时。

以上两首诗，语言通俗，感情真挚，很好地体现了真德秀重农政、劝耕稼的农本思想。

诗中“只为空言难感动，须将实意写殷勤”句，表达了真德秀脚踏实地、真抓实干的工作作风。

诗中“使君元起自锄犁，田野辛勤事总知”句，“使君”是汉代太守刺史之称，这里为诗人自称。真德秀生于农家，家境贫寒，自小在田间地头摸爬滚打长大，自然十分了解农民，了解农事。这里，我们可以看出，真德秀以一种平等的态度，平和地与老百姓对话。同时，我们更可以看出，真德秀为民除害、为民造福的坚定决心。

在长沙，真德秀还写过一首《长沙劝农诗》：

闻说陂塘处处多，开工修筑莫蹉跎。

十分积取盈堤水，六月骄阳奈汝何？

田里功夫著得勤，翻耕须熟粪须均。

插秧更要当时节，趁取阳和三月春。

此诗前半部分劝农要注重兴修水利，多筑水塘，以抗天旱；后半部分告诫农民要重视田间耕作，精耕细作，不误农时。水利和耕作是农业生产的重要环节，以此劝农，可谓劝到了点子上，不仅体现出作

者对农业生产的重视，也体现出对农事的熟悉。同时，本诗劝农，语气和婉，如同和农民闲话，谆谆告诫中，全为农民着想，流露出对农民很深的感情，没有丝毫居高临下的官僚腔。

二

真德秀的诗体现出一种人间大爱思想。

《湘亭酒》一诗，也写于真德秀潭州任上，每一句、每一行无不透露出真德秀亲民爱民的大爱思想。

真德秀非常重视吏治，特别是对县令进行严格教育。

南宋嘉定十五年（1223）秋，他在潭州（今湖南长沙）任职，他一上任，就将潭州 12 个县令召集起来进行训导。开宴前，真德秀宣读了“勉四事”和“去十害”。勉四事即“律己以严，抚民以仁，存心以公，莅事以勤”；去十害即“断狱不公，听讼不审，淹延囚系，惨酷用刑，泛滥追呼，招引告讦，重叠催税，纵吏下乡，科罚取材，低价买物”。

讲完了“勉四事”和“去十害”之后，真德秀便命开宴。他说道：“本人所说勉四事去十害，诸公可于席间边饮边议，畅所欲言，如有不妥之处，恳请指正。”县宰们见知州大人如此谦和，心中敬重，都能各抒己见，宴席充满和谐融洽的气氛。

酒过三巡，真德秀站起来说：“今日盛会，不能无诗，我赋一律，请诸公指正。”于是即席吟道：

从来官吏与斯民，本是同胞一体亲。

既以脂膏供尔禄，须知痛痒切吾身。

此邦素号唐朝古，我辈当为汉吏循。

今日湘亭一杯酒，敢烦散作十分春。

这首诗大意是：从来官吏和他管辖下的百姓，就是如同胞兄弟一样亲近。既然人民用自己血汗创造的财富供作你们的俸禄，你们就要像关心自身一样关心人民的痛痒。潭州，这地方素来号称唐朝时的古州，历史悠久。我们要做汉朝时提出的奉职守法的好官吏。今天，在这湘亭饮此提倡勤政为民的一杯酒，但愿能催化出遍及潭州的十分春色。

真德秀用一首诗，表明自己的远大志向；他也用一首诗，描绘自己心中的美好蓝图。

三

真德秀的诗，体现出他对人才培养的高度重视。

泉州贡院举梁八咏

棘闱曾辟大江东，唤起秦淮两蛰龙。
况是此邦饶俊彦，何愁盛事不重重。

万间贡宇旧巍巍，更辟新楹广旧规。
岂为儒生决科计，要培宗社太平基。

嘉定十年（1217），真德秀知泉州，以上是他在泉州任上所作之诗《泉州贡院举梁八咏》中的二首。

勤政为国，勤政为民，这是真德秀始终坚守的为官思想。

泉州是唐宋时期海上丝绸之路重要港口，但因各番商“畏苛征，苦和买”，故“至者绝少”。

真德秀知泉州后，莅事以勤，事必躬亲，礼贤下士、选贤用能，“罢和买，禁重征”，“逾年舶至三倍”，“岁增三十六”，恢复了昔日泉州港的部分繁华。

从诗中可以看出，真德秀大力倡导并实施人才培养计划，将造就人才与振兴地方经济相联系，“况是此邦饶俊彦，何愁盛事不重重”，“岂为儒生决科计，要培宗社太平基”，表明他的战略远见和非凡气度。

教育培养人才，始终是真德秀热心且践行的工作。

真德秀为学以朱熹为宗，提倡理学，在理学官化的过程中，发挥了不可替代的作用。真德秀还十分注重栽培后学，在培养理学后人方面下功夫。门人有真志道、王埜、马光祖、金文刚、孔元龙、吕良才、吕巾、江埙、刘焱、陈均、周天骏、徐元杰、刘克庄、王迈、程掌、熊庆胄、徐几、汤千、汤巾、汤中、刘汉弼、李刘、李遇、卢孝孙、宋慈、赵师宰等人，其中的刘克庄成为著名的江湖派大诗人，宋慈成为法医学鼻祖。

四

对于家乡浦城，真德秀始终充满着浓厚深情，他也曾写过数首以家乡为主题的诗。

嘉定十五年（1222）二月初十春社的第二天，丁忧在家的真德秀，邀请乡里尊老 13 人会于西山精舍，看到他们悠然乡里，庞眉皓首，奕奕相照，经过风雨洗礼的真德秀，感悟到宦海沉浮难料，世事变幻莫测。想起自己碌碌从政，在官场夹缝中为国为民办事，一腔忠耿，却多受压抑。他向各位表示异日早退之约，回归山林养性、读书、著述、讲学，传播朱子学术。

于是，他当场写下一首诗表达对耆老的敬意和心迹：

耆年自是国之珍，何间衣冠与隐沦。

华发共成千一岁，清樽相对十三人。

休谈洛社遗风旧，且颂仙游庆事新。

三径未荒宜早退，要将寿栎伴庄椿。

南浦桥是浦城县城关横跨南浦溪的长虹，宋隆兴元年（1163），县令上官端仪（福建邵武人）捐资兴建，初名南桥、又名上官桥。

至宝庆间，桥已毁坏，宋植举行重修。绍定元年（1228）五月二十七日，南浦新桥举梁，第二天是宋植的生日，赋闲在家的真德秀兴致勃勃，诗兴大发，作《新桥行》一诗以贺，为民庆幸：

去年寿君时，清溪无梁涉者危。

今年寿君时，长虹卧波指可期。

珍材远林天发隐，文石象玉神效奇。

蛟龟为桥顷刻就，又似仙伯工娱嬉。

官自忧民民自乐，此事更属无穷思。

要须移此济川手，栋我王国无倾攲。

真德秀还写过一首《浦城劝粜》诗，这首诗较长，仅录几段以飨读者：

阳和二月春，草木皆生意。

那知田野间，斯人极憔悴。

殷勤问由来，父老各长喟。

富室不怜贫，千仓尽封闭。

我闻父老言，痛切贯心肺。

这是真德秀对于当时不良社会状况的一番逼真描述，从中可以看出真德秀忧国忧民的心理情态。

富者盍怜贫，有如兄恤弟。

恻隐仁之端，人人均有是。

顽然铁石心，何异患风痹。

不仁而多财，聚易散亦易。

似有种德家，福禄可长世。

这是真德秀看到不平状况后，对人们所发出的急切又诚恳的呼吁，同时，也是从道德层面，对人们的一种劝告。

五

此外，真德秀在他所写的很多诗中，都一以贯之地贯穿着他对中华优秀传统文化的执着坚守。

如这首《登南岳山》：

烟霞本成癖，况复游名山。

举手招白云，欲纳怀袖间。

咄哉亦痴绝，有着即名贪。

振衣遇长风，浩浩天地宽。

这是真德秀在福州任职时所作的一首诗。面对奇山秀景，真德秀无比感慨，一句“振衣遇长风，浩浩天地宽”，真挚表达了他希望环宇澄清，天地之间充满浩然正气的大公之心，同时，也抒发了他决心为国家、为人民造福的远大政治抱负和政治理想。

再如这首诗：

千金难买是乡邻，恩意相欢即至亲。

年若少时宜敬老，家才足后合怜贫。

表达了真德秀强调邻里和睦的良好心愿。

还如这首诗：

鞠育当知父母恩，弟兄更合识卑尊。

孝心尽处通天地，善行多时福子孙。

道出了真德秀对于“孝”“悌”文化的深刻解说。他在诗中倡导孝恩父母、和合兄弟、近睦乡邻等观念，就是他践行朱熹提倡的“父慈子孝”“兄友弟恭”的现实版教材。

真德秀在《以青毡与志道》诗中，以“清温供子职，清白保家传”之句诫勉儿子要永远保持清白之家风。

真德秀在《舞鹤亭歌》一诗中，以“苍苔白石有余乐，一似箪瓢甘澹泊”句，表明自己甘于淡泊、以廉律己之心迹。

真德秀论养生

一

真德秀在多个文化领域，都取得了一般人难以企及的耀眼成就，就是在养生文化方面，也为后世留下了一首吟唱不绝的《卫生歌》，为中国的养生文化贡献了一份弥足珍贵的文化遗产。

养生原指保养生命，即通过各种方法颐养生命，预防疾病，从而

續衛生歌　宋真德秀

世言服靈丹餌仙果白日而輕舉者但聞而未見也至如運氣之術甚近養生之道人稟血氣而生攝生論云攝生之要在去其害生者此明言也予所編去病歌蓋採諸家養生之要而爲言能依而行之則獲安樂若盡其要妙亦長年之覩今録其歌于後曰

萬物惟人爲最貴百歲光陰如旅寄自非留意脩養中未免病苦爲心累何必餐霞餌大藥妄意延齡等龜鶴但於飲食嗜慾閒去其甚者將

·246·　·245·

安樂食後徐徐行百步兩手摩脇并摩肚須臾轉手摩腎堂謂之運動水與土仰面仍呵三四呵自然食毒氣消磨醉眠飽卧俱無益渴飲飢餐猶戒多食不欲粗并欲速乍可少餐相接續若教一飽頓充腸損氣傷脾非爾福生餐粘膩筋韌物自死牲牢皆勿食饅餕閉氣不相資生膾偏招脾胃病酢醬胎卵兼油膩陳臭醃酸盡陰類老衰莫欲更食之是借寇兵無以異炙煿之物須冷吃不然損齒傷血脉晚食常宜申酉

·247·

延年益寿的身心养护活动。中国传统文化保存了大量的养生大旨、理论、思想和方法，如道家养生讲究少私寡欲、贵柔、返璞归真、形神兼养；儒家养生则以心性修养为主要对象，讲究正心诚意、率性尽性、存心养性等养精神、调意志的方法。

中国古代贤哲认为，人的身体得诸父母，每个人都有保护身体的责任和义务。正如《孝经·开宗明义》所言："身体发肤，受之父母，不敢毁伤，孝之始也。"这说的是，我们身上的一切，都是父母所给的，可不能轻易伤害。珍惜身体、保护身体，这就是对父母首要的孝顺。

古代思想家们十分重视养生。他们认为，养生最主要内涵包括两方面：一是养神，二是保健。

所谓的养神，就是要保持神清气明，意气平和，气和则心静，心静则体安，这是养生的根本。这指的是一种心理状态，一个人需要保持心理健康、心态平和，拿现在的话来说，就是三观要正，内心要充满正能量。只有这样，便取得身体健康的先决条件了。所谓的保健，指的是对身体的保养，包括就寝的时间、饮食的调配、适当的运动、音乐的欣赏等等，都应当遵循一定的规律。

实际上，简而言之，前者属于精神，后者属于肉体。只有二者兼顾，身心才可能保持最佳状态。中国古代贤哲把养神与保健联系起来，把肉体与精神联系起来，这种眼光是十分睿智的，在当今，都相当值得我们借鉴。

二

真德秀《卫生歌》是一首很长的七言古诗，是一曲养生歌诀。这里的"卫生"二字，就是"养生"之义，与现代泛指个人、集体的生活、

生产卫生意义有别。

真德秀《卫生歌》，共计96句，672个字。面世之后，流传甚广，素为医家和养生家所推崇，为世人所重视，如李时珍《本草纲目》即有引用，高濂《遵生八笺》则予全文录载。真德秀《卫生歌》总结中国古代养生的方法和常识，结合儒家修养的方法，以诗歌的形式加以提炼，简单易记，对宋以后的传统养生观念有深远影响。

卫生歌

万物惟人为最贵，百岁光阴如旅寄。
自非留意修养中，未免疾苦为身累。
何必餐霞饵大药，妄意延令等龟鹤，
但于饮食嗜欲间，去其甚者将安乐。
食后徐行百步多，两手摩胁并胸腹。
须臾转手摩肾堂，谓之运动水与土。
仰面常呵三四呵，自然食毒气消磨。
醉眠饱卧俱无益，渴饮饥餐尤戒多。
食不欲粗并欲速，宁可少餐相接续。
若教一顿饱充肠，损气伤脾非尔福。
生冷黏腻筋韧物，自死牲牢皆勿食。
馒头闭气宜少餐，生脍偏招脾胃疾。
酢酱胎卵兼油腻，陈臭臭腌尽阴类。
老弱若欲更食之，是借寇兵毋以异。
炙煿之物须冷吃，否则伤齿伤血脉。
晚食常宜申酉时，向夜徒劳滞胸膈。
饮酒莫教令大醉，大醉伤神损心志。
酒渴饮水并啜茶，腰脚自兹成自坠。

常闻避风如避箭，坐卧须当预防患。
况因食后汗孔开，风才一入成瘫痪。
不问四时俱暖酒，太热太冷莫入口。
五味偏多不益人，恐随脏腑成灾疚。
视听行坐不可久，五劳七伤从此有。
四肢亦欲得小劳，譬如户枢终不朽。
卧不厌缩觉即舒，饱宜沐浴饥宜梳。
梳多浴少益心目，默寝暗眠神晏如。
四时惟夏难调摄，伏阴在内肠易滑。
补肾汤丸不可无，食物稍冷休哺啜。
心旺肾衰何所忌，特忌疏通泄精气。
寝处尤宜严密间，宴居静虑和心气。
沐浴盥漱皆暖水，簟凉枕冷俱弗宜。
瓜茄生冷不宜入，岂独秋来作疟痢。
伏阳在内冬三月，切忌汗多泄精气。
阴雾之中莫远行，暴雨迅雷宜速避。
道家更有颐生旨，第一戒人少嗔恚。
秋冬日出始穿衣，春夏鸡鸣宜早起。
子后寅前睡觉来，瞑目叩齿二七回。
吸新吐故毋令误，咽漱玉泉还养胎。
指摩手心熨两眼；仍更揩摩额与面。
中指时时擦鼻茎，左右耳根筌数遍。
更能干浴一身间，按胜时须扭两肩。
纵有风劳诸湿气，何忧腰背复拘挛。
嘘呵呼嘻吹及呬，行气之人分六字。

果能依用口诀中，新旧有痾皆可治。

声色虽云属少年，稍知撙节乃无愆。

闭精息气宜闻早，莫使羽苞火中燃。

有能操履常方正，于利无贪名不竞。

纵向歌中未尽行，可保周身亦无病。

《卫生歌》以“万物惟人为最贵，百岁光阴如旅寄。”开篇，开宗明义地指出，在这个世界上，人，是最宝贵的，没有了人，便没有了人类繁衍，社会进步。正因为人最为宝贵，也正因为时光匆匆如白驹过隙，所以我们务必要珍惜生命、保重身体，务必要珍惜时光，在有限的光阴里为这个世界多奉献。

真德秀《卫生歌》内容丰富，涉及面广，限于篇幅，我们主要通过以下几个方面，拜读其耐心细致的教诲，有理有据的论述以及深入浅出的养生“秘诀”。

一、饮食方面。

《卫生歌》中以较多的篇幅写饮食，足以看出真德秀把日常饮食摆在相当重要的位置。

真德秀指出：

食不欲粗并欲速，宁可少餐相接续。

若教一饱顿充肠，损气损脾非是福。

这些话通俗易懂，十分地接地气，就是说，不要多吃难以消化的食物，少吃多餐，既有助于消化，又有助于养胃。还有，不要狂饮暴食，吃东西要有所节制，这和“月圆易缺”的道理是一样的，吃得过饱，损气损脾，于健康无益。

真德秀还指出：

晚食常宜申酉时，向夜徒劳滞胸膈。

饮酒莫教令大醉，大醉伤神损心志。

这讲的其实是我们现在都挺注意的一个问题，就是晚饭不能吃得过饱，晚上，我们人休息，我们的胃也是需要休息的，不能给胃给予太重的负担。酒醉伤肝，所以，喝酒一定掌握好一个度，烂醉如泥，不但伤身体，还有可能造成家庭不和睦。

二、起居方面。

有规律且科学的起居，与健康的关系至为密切。

真德秀指出：

视听行坐不可久，五劳七伤从此有。

四肢亦欲得小劳，譬如户枢终不朽。

这说的是人们的日常行为，无论是看书也好，听音乐也好，还是走路也罢，坐在椅子上也罢，都不应时间太长久，到了一定时候，要给予适当的休息调节，这样才能保障身体各器官的协调统一。

三、情志方面。

俗话说说“笑一笑，百年少。愁一愁，白了头”，这句俗语，生动形象地描述了情志与健康的相辅相成关系。在这方面，真德秀其实是把养生提高到一个人精神世界的层面来开展论述，涉及一个人的人品、情操和底线等。

真德秀指出：

声色虽云属少年，稍知撙节乃无愆。

有能操履常方正，于利无贪名不竞。

纵向歌中未尽行，可保周身亦无病。

这个要求就更高了，就是说，一个人无论是哪方面的欲望，都必须严格节制，情欲也好，物欲也罢，一定要把握好尺寸，否则，其害无穷。再者，做人坦坦荡荡，做事清清白白，心底无私方可天地宽。正如元

代诗人陈基在《次韵吴江道中》诗中所写的那样——两袖清风身欲飘，杖藜随月步长桥。

三

一首真德秀《卫生歌》，脍炙人口，通俗实用，虽然是南宋时所写，但现在的我们读起来，仍然津津有味，余味无穷，深受其益。

真德秀在《送汤仲能之官繁昌序》中有一段话：

居官临人，要必以二者为本，盖一毫不自尽，不足以言忠；一念不相续，不足言诚。

真德秀所说的话，总是掏心掏肺，朴实得如泥土。他的这段话的意思是说，为政者，如果有一毫没有尽力，就谈不上忠于国家、忠于百姓；一个人想做事，该做的事，如果不能够坚持不懈、持之以恒，就不能说以诚感天、以诚感地、以诚感人。

《卫生歌》虽然谈养生，但是，其真正内涵是包含养身和养心两部分，有了健壮的体魄，才能精力旺盛，服务社会、服务百姓才有个坚实的基础；而光有健康的体魄，是远远不够的，更重要的是还必备高尚的情操，必备“先天下之忧而忧，后天下之乐而乐”的情怀，达到二者天衣无缝的完美结合。

正像真德秀所说的那样——为官要尽心尽力，做事要持之以恒。

真德秀创建“西山书院”

一

西山书院，是浦城教育史上一个闪光的标点，是浦城文化史上一幅精彩的剪影。

要了解西山书院，先要了解它的前身——西山精舍。

宋嘉定十三年（1220）六月，真德秀母亲吴氏因病去世，真德秀扶柩回乡。真德秀是一个大孝子，母亲离世，他悲恸欲绝，一路上，茶不思、饭难咽，痛哭不已，悲伤的泪水洒满一路。等回到浦城，史书上载，他已是“毁瘠柴立”，拿通俗的话来说，就是骨瘦如柴了。

宋嘉定十四年（1221），真德秀在故乡浦城县仙阳建西山精舍，授徒讲学，研究学问。关于这一点，余奎元著《贤臣

大儒真德秀传》中明确地说：

西山精舍建成后，每天与詹体仁、黄叔通、徐凤等亲长朋友切磋学问。

文中的詹体仁，浦城人，南宋大臣、理学家，官至司农少卿。在理学传承上，他就像一座桥梁，承担着承上启下的重要作用，因为，他是朱熹的学生，又是真德秀的老师。淳熙二年（1175），朱熹、吕祖谦由寒泉精舍赴江西鹅湖之会，詹体仁也是随从之一。《宋史·詹体仁传》记载：“郡人真德秀早从其游，尝问居官莅民之法，体仁曰：‘尽心、平心而已，尽心则无愧，平心则无偏。’世服其确论云。”

浦城还有一处“西山精舍”，也是真德秀所建。

宝庆二年（1226），由于遭权相史弥远打击排挤，真德秀被罢官回乡赋闲。

真德秀上次母亲去世回乡守孝，在仙阳建“西山精舍”。仙阳是一个乡镇所在地，距离城关有三十余里的路程，交通、交友、做学问都存在诸多不便。所以，这次回到浦城后，真德秀在城关建了一所新居，亦称“西山精舍”。也就是说，真德秀从乡下搬到城里来居住了。

据杨军、毛建安主编《浦城文物》称：

宋贤真夫子祠，又名“西山精舍”，即西山书院，真德秀由浦城仙阳迁居至此而建，内有学易斋和共极堂。初建时为书斋之用，即讲学之所。元延祐四年（1317）四月，朝廷题名为“西山书院”。至明洪武九年（1376），县丞朱德昌在旧址上重建，内祀真德秀，为建祠之始。清康熙四十五年（1706），学使沈涵疏请奉康熙御书“力明正学”匾额悬挂中堂，清咸丰八年（1858），祠毁于火。同治八年（1869），真氏后裔和全县绅士捐款在原址复建，于仪门署曰“宋贤真夫子祠”。

以上这段文字为“西山书院”的历史演变，勾勒出一条清晰的脉络走向。

浦城出过一个名气很大的诗人叶绍翁，也就是写出“春色满园关不住，一枝红杏出墙来”的那位。他既是真德秀的同乡，又是真德秀的好友。叶绍翁《四朝闻见录》中记载：

尝于西山书院会赵氏子弟。

由此可见，实际上，此新居在当时亦称为“西山书院”。

行文至此，还要提到一个历史名人——虞集。虞集是元代大诗人，与揭傒斯、范梈、杨载（浦城人）齐名，并称“元诗四大家”。虞集在《西山书院记》一文中记载：元延祐间，真德秀孙渊子在真德秀住所筑宫，旁利用空隙地建院，以奉先生，江浙行中书省上其事。元延祐四年（1317）四月，朝廷题名为“西山书院”，列为学宫，岁久倾圮。

仙阳、城关，两所“西山精舍”一脉相承，都是真德秀研究学问的重要场所，都是西山书院名副其实的实体所在、核心承载。

二

作为书院而言，西山书院早已走进历史，成为一段遥远的记忆；但是，作为浦城教育的一段历史，它却以文物的情状留存于世。

先说仙阳的西山故居（西山精舍）。

西山故居，位于浦城县仙阳镇镇政府旁，现为省级文物保护单位。

据《浦城文物》一书，西山故居为宋嘉定十四年（1221）建，清光绪十四年（1888）重建。宋宝庆三年（1227），真德秀迁居县城，其故居一度失修。元延祐四年（1317），立“西山故居”坊。现存建筑为清同治八年（1869年）重建。

故居坐北朝南，砖木混合结构，两进合院式建筑，南北长66米，东西宽21米，总面积1221平方米，其中建筑面积633平方米，庭院面积588平方米。中轴线上依次为花墙、庭院、门厅、天井、正厅、后院。庭院左、右侧分别开两院门，门楣上嵌“鸢飞”“鱼跃”阴刻楷书砖雕。前厅明间额枋悬挂清代翰林院编修吕佩芬题“西山真先生旧宅”木匾。正厅面阔三间宽9米，进深五柱，深19.5米、高7.5米。两厅均为硬山顶，穿斗抬梁混合式梁架结构。建筑内梁枋、瓜柱、雀替以及瓦当均有精美雕饰。东、西、南三面封火墙外水沟绕护。

2019年，浦城县着手对西山故居进行修复，并在其内建设“真德秀纪念馆”。如今走进西山故居，不仅可以欣赏古建筑的风貌，还可以通过简明的文字、精美的图片以及解说员的娓娓道来，领略真德秀的风采和朱子文化的博大精深。

再说位于城关的宋贤真夫子祠。

宋贤真夫子祠，位于浦城县河滨街道爱民社区龙潭门路，现为县级文物保护单位。

据《浦城文物》一书，今夫子祠前殿、正殿犹在，面积约180平方米。但残损较严重，前殿仅存部分梁架及立柱。正殿重檐歇山项，内顶覆双藻井，檩下墨书“大清同治三年……初七日乙时……鼎造”等，藻井、天花、梁架、斗栱表面大量施彩绘，绘飞龙、祥云、蝙蝠、花卉等精美图案。

真德秀《文章正宗》推崇陶诗

一

作为文选家的真德秀，对陶渊明的诗情有独钟。真德秀《文章正宗》选入了大量陶渊明之诗，共有四十九首，其数量几乎与唐以前各家诗相等，占六分之一。

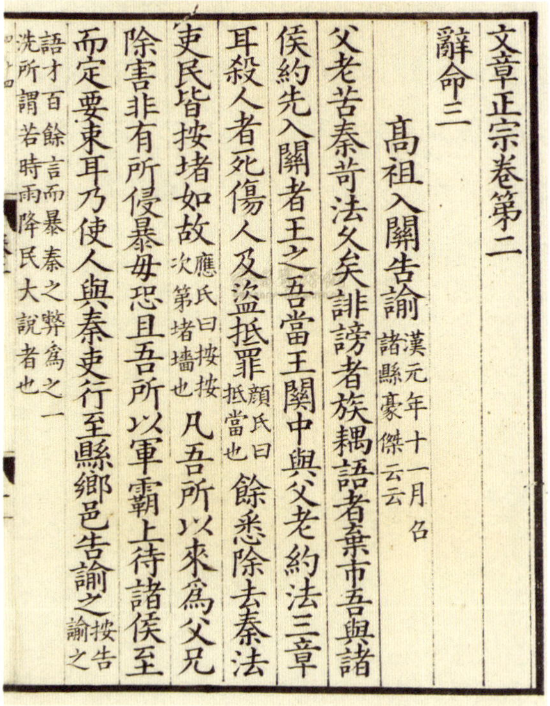

文章正宗卷第二

辭命三

高祖入關告諭 漢元年十一月召諸縣豪傑云云

父老苦秦苛法久矣誹謗者族耦語者棄市吾與諸侯約先入關者王之吾當王關中與父老約法三章耳殺人者死傷人及盜抵罪 顔氏曰抵當也 餘悉除去秦法吏民皆按堵如故 應氏曰按按次第堵墻也 凡吾所以來爲父兄除害非有所侵暴毋恐且吾所以軍霸上待諸侯至而定要束耳乃使人與秦吏行至縣鄉邑告諭之 按告諭之語才百餘言而暴秦之弊爲之一洗所謂若時雨降民大說者也

《文章正宗》是真德秀所编的一部诗文选集，正、续集各20卷，正集选《左传》《国语》至晚唐文章，续集选北宋一段文章。

《文章正宗》的最大贡献在于其文体分类。真德秀把所有文章分为辞命、议论、叙事、诗赋四大目，实富创见。辞命是“文章之施于朝廷、布之天下者”，属于“王言”，故而编在

卷首。议论之文本无定体，缔思而作，用途极广，或谏争论说，或上疏论证，或发明义理，或敷析治道，或褒贬人物，不一而足。叙事之文起源于古代史书，有纪一代之始终者，有纪一事之始终者，还有纪一人之始终者。诗赋则先秦两汉为一阶段，六朝初唐为一阶段，律诗定型后又为一阶段；另外，真德秀把箴、铭、颂、赞等也算为诗之属。

后人对真德秀的《文章正宗》有很高的评价。元人刘壎《隐居通议》云："古今类编诗文，如梁之《文选》，唐之《文粹》，宋之《文鉴》，虽篇帙浩博，可以考见累朝文字之盛，然俱无统纪。至近世真文忠公编类《文章正宗》，分为四门：曰辞命，曰议论，曰叙事，曰歌诗，去取有法，始为全书，足以垂训不朽。"《四库全书总目》亦云："《文选》而下，互有得失。至宋真德秀《文章正宗》，始别出谈理一派，而总集遂判两途。"

二

萧统编选先秦至梁的各体文章，取名《文选》，分为38类，共700余篇（首），为我国现存最早的诗文总集。因是昭明太子萧统组织人力编辑成书，故又称《昭明文选》。

真德秀推崇陶渊明的诗，一方面，可能是个人的爱好，另一方面，更重要的，是他作为一个理学家的选取标准。

宋代理学家特别推崇冲淡自然的诗风，理学家杨时盛赞陶渊明诗，他说：

> 陶诗所不可及者，冲淡深粹出于自然。

朱熹对陶渊明诗也相当认可，朱熹认为：

> 作诗须从陶、柳门庭中来乃佳，不如是，无以发萧散冲淡之趣，不

免于局促尘埃，无由到古人佳处也。

朱熹还说：

陶渊明诗平淡，出于自然。后人学他平淡，便相去甚远矣。

朱熹的意思是说，陶渊明的诗，平淡自然之风，是自然而然形成的，而不是苦吟所致。

理学家推崇冲淡自然的诗风，从根本上来说，实际上是在尊崇一种高尚人格。

对于陶渊明忠于晋室、不仕刘宋的忠贞气节，理学家给予了极高的评价：

自以晋世宰辅子孙，耻复屈身后代。自刘裕篡夺势成，遂不肯仕。虽其功名事业不少概见，而其高情逸想，播于声诗者，后世能言之，士皆自以为莫能及也。

这段话，充分肯定赞颂了陶渊明“不为五斗米折腰”的宁折不弯精神。

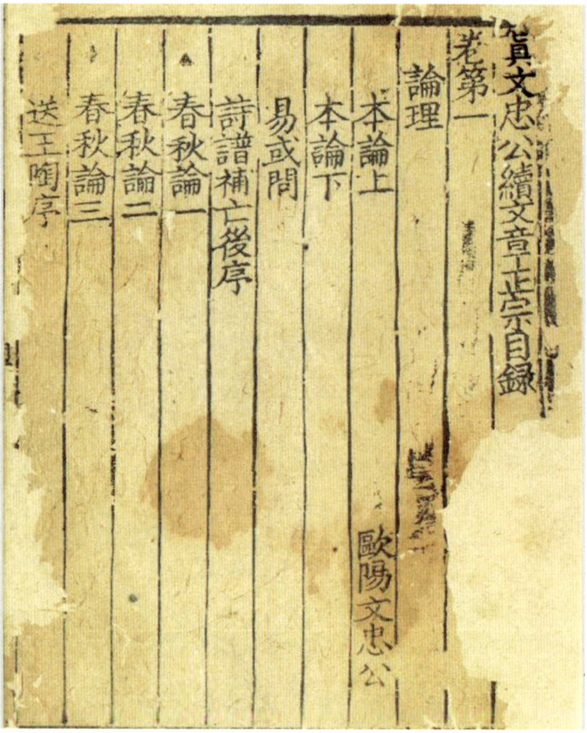
真文忠公續文章正宗目録
卷第一
論理
本論上　歐陽文忠公
本論下
易或問
詩譜補亡後序
春秋論一
春秋論二
春秋論三
送王陶序

陶渊明生活在东晋末年，他因为看不惯当时政治的腐败，便在家乡隐居。后来，陶渊明的生活越来越穷苦，迫于生计，他只好到大将刘裕手下做了个参军。陶渊明看到那些官员互相倾轧，争权夺利，心里十分厌恶，便请求出去做个地方官，上司就把他派到彭泽（今属江西）当县令。

有一天，郡里派了一名督邮到彭泽县视察，他一到彭泽县的官驿，就趾高气扬地让陶渊明去拜见他。当时，陶渊明正在他的内室里捻着胡子吟诗，听说督邮来了，十分扫兴，勉强放下诗卷，准备跟小吏一起去见督邮。小吏一看他身上穿的还是便服，吃惊地说：“大人，督邮来了，您应该换上官服去拜见呀。”

一向正直清高的陶渊明，向来看不惯这种倚官仗势的人，一听小吏说还要穿起官服对这个督邮行拜见礼，就更受不了。他长叹一口气，高声说道：“我宁可饿死，也不愿为了这五斗米的官俸，去向那种势利小人鞠躬作揖。”

说完，他索性把身上的印绶解下来封好，并且写了一封辞职信，一并交给了小吏，离开了只当了 83 天县令的彭泽，辞官归田了。就这样，陶渊明从此再也没有做过官。

陶渊明因“不为五斗米折腰”，而获得了心灵的自由，获得了人格的尊严。他“不为五斗米折腰”的高风亮节，成为中国后来有志之士的楷模。

三

《停云》是陶渊明创作的一首诗。此诗分四章，其主旨为思亲友，抒发了诗人对好友的深切思念之情。关于《停云》一诗，作为参与《文章正宗》的编纂和校订的真德秀门人汤汉等皆认为此诗乃陶渊明对亲友不可仕刘宋的规谏。身为晋臣无身仕二朝之理，故特思而赋诗，寓以规谏之意。

真德秀对于陶渊明的诗，有他自己独到的见解。

在《跋黄瀛甫拟陶诗》中，他如是说：

以余观之，渊明之学正自经术中来，故形之于诗，有不可掩。《荣木》之忧，逝川之叹也；《贫士》之咏，箪瓢之乐也。《饮酒》末章有曰："羲农去我久，举世少复真。汲汲鲁中叟，弥缝使其淳。"渊明之智及此，是岂玄虚之士所可望耶？虽其遗宠辱，一得丧，其有旷达之风，细玩其词，时亦悲凉感慨，非无意世事者，或者徒知义熙以后不著年号，为耻事二姓之验，而不知其眷眷王室，盖有乃祖长沙公之心，独以力不得为，故肥遯以自绝，食薇饮水之言，衔木填海之喻，至深痛切，顾读者弗之察耳。渊明之志若是，又岂毁彝伦、外名教者可同日语乎？

这段话中，真德秀以诗论人，赞颂的仍然是陶渊明高洁的人品和高尚的情操。

真德秀说：《荣木》之忧，逝川之叹也。荣木，即木槿，属木本植物，夏天开淡紫色花，其花朝开暮闭。此诗是陶渊明为感念衰老将至而作，表达了一种自强不息的功业追求。全诗语言果断坚毅，颇有催人奋进的力量。

《荣木》诗第四章，抒发的是陶渊明自强不息的壮志：

先师遗训，余岂之坠？

四十无闻，斯不足畏。

脂我名车，策我名骥。

千里虽遥，孰敢不至！

真德秀说：《贫士》之咏，箪瓢之乐也。《咏贫士七首》是陶渊明的组诗作品。这七首诗通

过对古代贫士的歌咏，表现了诗人安贫守志、不慕名利的情怀。

《贫士》第一首以孤云、独鸟自况，象征诗人孤独无依的处境和命运，表现出诗人守志不阿的高洁志趣：

万族各有托，孤云独无依。
暧暧空中灭，何时见余晖。
朝霞开宿雾，众鸟相与飞。
迟迟出林翮，未夕复来归。
量力守故辙，岂不寒与饥？
知音苟不存，已矣何所悲。

对于陶渊明的诗作，真德秀还曾有这样的评说：陶渊明这些“淳厚”“旷达”“不期于高远而自高远”的田园诗，直抒胸臆，出自自然，而不是“用力学诗”所致。所以后人如果只在作文方法、文章风格的规范、选材设题的标准和运思构想的规律等方面下功夫，则不能达到这种境界。

真德秀对陶渊明诗之喜爱，说到底，是对其品格的崇拜、精神的敬仰。

真德秀身体力行兴教育

一

真德秀重视教育，重在真抓实干，身体力行。

真德秀是一位实干家，无论在哪里任职，他都采取一系列有效措施，保障教育资金落实，鼓励教育事业发展。

学田，是指旧时办学用的公田，以其收入作为学校经费。学田制是指中国封建教育史上，由国家拨给或者学校自行购置一定数量的土地，作为学校的固定资产，学校将这些土地租佃给附近的农民耕种，收获的粮食和钱租用作赡学的经费。该制度创始于宋代。此后一直延续到我国封建社会的最后一站——清朝，是我国封建社会学校教育的经济支柱。

当时，真德秀管辖的下属诸县，有的地方不重视教育，有的学田被豪民占据，有的学田被公吏侵吞，有的学田收入则被挪作他用。真德秀得知这种情况后，严令这些县的知县查明原委，限期整改，切实抓好落实。

真德秀在潭州（今长沙）任上，多次亲临岳麓书院督学。刚到潭州任上，就领衔致祭湖湘学派的代表人物胡安国、胡寅、胡宁、胡宏等，并写就《潭州劝学文》，详述湖湘学术的传承过程，推崇湖湘学派的作用，提倡学习近人张栻、朱熹的著作，呼吁“培养义理之源，务求有用之实”。在此期间，真德秀还写了《潭州示学者说》，鼓励学生学习程朱理学思想，体现了他“务求有用之实”教育思想。

北宋治平元年（1064），潭州知州吴仲复改庙学为州学，王安石欣然赋诗《潭州新学》相贺，这是长沙府最早的高等学校。宋代州学曾多次扩修，规模最大的一次是在绍定元年（1228），由知州、资政阁学士曾效序主持。大成殿修复扩建告成之后，已是享有盛名的大理学家、前任知州真德秀为之作记《潭州大成殿记》。

《潭州大成殿记》描述的是宋时学宫重建后的恢宏景象：“厚重镇俗如岳之弗摇，清明鉴物如湘之不波”，“彻其陪厦，敞为新宫，凡二十有六楹，昔之暗郁，倏焉亢爽”，“宫墙外内巍然焕然”，“甓旧路，复射圃”。

二

真德秀重视教育，重在以师为本。

教师是学子成长中的一盏明灯，是书院的脊梁，所以，真德秀特别重视老师的选择和任用。

真德秀曾说“师道立则善人多”，他认为老师是铸造人灵魂的人，必须“致知力行并进”。真德秀选用老师有着严格的标准，他反对善辞令、钓声名、取利禄、作时文的人充当教师，主张教师要有高尚的德行，有仁爱之心，有勤勉教学能力，是甘为春蚕、愿化红烛的人。他煞费苦心选用的教师，都是有着高标的人格，学术思想深邃明慧的知名儒者，并且很多都是朱熹的学生。

钟震，字春伯，潭州府善化人。宋庆元二年（1196）进士。端平元年（1234），以吏部侍郎兼同修国史、实录院同修撰。绍熙五年（1194），朱熹守长沙，讲学于岳麓书院时，钟震拜朱熹为师。他又深契程颐主一之旨，于湘潭建主一书院，是位高深的儒者，真德秀聘请他为郡学教授。

周奭，湘乡人，字允升。张栻讲学岳麓书院，周奭为张栻的高弟，绍熙五年（1194）五月，朱熹为荆湖南路安抚使兼知潭州时，他又执礼问学朱熹于岳麓书院。周奭创建涟溪书室以授徒，真德秀改书堂为濂溪书院，请周奭主持濂溪书院教事。

真德秀在福州任上，在郡学设“尊行堂”。“尊行”的基本含义是指高尚的行为，即行为符合道德和社会的标准，受到人们的尊敬和赞许。

因久缺纯良儒者为师，真德秀遍访人物，将云生郑先生、梅坞林先生、信斋杨先生请入尊行堂。因为他们年高德劭，为表示敬意、诚意，他亲书《请郑林杨三士入尊行堂》，请他们每月初一早晨到尊行堂讲课，他还率同事到尊行堂听讲。

真德秀还了解到，有一些人品高洁并且具有真才实学的学者，处于怀才不遇之境况，真德秀又严令州县必须恭恭敬敬地将这些人请到县学，任用为老师，并要保障相应的社会地位和经济收入。

真德秀论读书方法

一

书中自有黄金屋，书中自有颜如玉。这两句古诗，对于很多人来说，实在是太熟悉了。但是，也许很多人不知道的是，其出自宋朝第三个皇帝宋真宗所写的《劝学诗》：

富家不用买良田，书中自有千钟粟。

安居不用架高堂，书中自有黄金屋。

出门莫恨无人随，书中车马多如簇。

娶妻莫恨无良媒，书中自有颜如玉。

男儿欲遂平生志，六经勤向窗前读。

九五之尊的皇帝提倡读书、劝导读书，至少从一个侧面，体现出这位皇帝对于读书的重视。况且，这首诗，浅显易懂，朗朗上口，直击心扉，没有空洞的说教，没有居高临下的黑脸，传递着循循善诱的启蒙信息。

读书，几乎是谁都难以逃避的话题，十年寒窗的磨砺，更是多少人心中的一段珍藏、一笔财富，一抹挥之不去的浓浓记忆。

真德秀进士出身，后又考中宏学博词科，无疑是一个勤读书、会读书、善读书之人。难能可贵的是，成功的读书人真德秀，不仅自己读书出仕，匡国济民，他还像为官为民一样，大公无私，将自己的读书经验和体会，付诸文字，传之于世，益之后人。

二

在中国阅读史上，文人士子的读书方法层出不穷，如“读书破万卷，下笔如有神”“书读百遍，其义自见”等等，不过，流传至今影响最大的应属朱熹的“朱子读书法”。

朱子读书法是我国古代最系统的读书法，集古代读书法之大成，共六条：循序渐进、熟读精思、虚心涵泳、切己体察、着紧用力、居敬持志。这六条均反映了读书学习的基本规律和要求，具有深刻的学习借鉴价值。

循序渐进——就是说，读书要按一定的次序，不要颠倒，读书要扎扎实实打好基础，不可囫囵吞枣，急于求成；熟读精思——就是说，读书必要读足一定的遍数，熟读的目的是为了精思；虚心涵泳——所谓“虚心”，是指读书时要仔细体会书中的意思，不要先

入为主，牵强附会，所谓“涵泳”，是指读书时要反复咀嚼，细心玩味；切己体察——就是说，读书不能仅仅停留在书本上，口头上，而必须见之于自己的实际行动，要身体力行；着紧用力——就是说，必须抓紧时间，发愤忘食，读书应该具有犹如救火治病那样的紧迫感，具有撑上水船那样不进则退的顽强作风和破釜沉舟那样的勇往直前的精神；居敬持志——所谓“居敬”，就是读书时精神专一，注意力集中。所谓“持志”，就是要坚定志向。朱熹曾说：“立志不定，如何读书？”

朱熹的读书方法远不止这些，以上六条为其最重要的。它是朱熹一生刻苦治学，五十载辛勤执教的切身体验和实践经验总结。

真德秀是朱熹私淑弟子，他的理学思想主要以朱熹理学思想为正宗，而他的读书方法，一方面是传承了朱熹的阅读思想，另一方面，真德秀在长期的读书、写作、授徒的过程中，通过长期不断的学习、钻研、实践，也总结出了属于自己独到的读书模式。

三

真德秀认为，不能读死书、死读书。

关于这一点，真德秀曾引用了朱熹的话语：

书不可只专就纸上求理义，须反来就自家身上推究。

也就是说，真德秀的体会是读书必须要具有灵活变通的精神，不能只是一味地死记硬背，不能只是一味地卖弄书本上的纲纲条条，而是要理论联系实际。

纸上谈兵，就是一个无比典型的死读书例子。

“死读书”“读死书”是会害死人的。

真德秀认为，读书必须成诵，也就是要精读、细读，读通、读透。

关于这一点，真德秀也曾引用朱熹语录：

与学者讲论，尤觉横渠成诵之说最为捷径。盖未论看得义理如何，且是收得此心有归着处，不至走作。然亦须是专一精研，使一书通透烂熟都无记不起处，方可别换一书乃为有益。

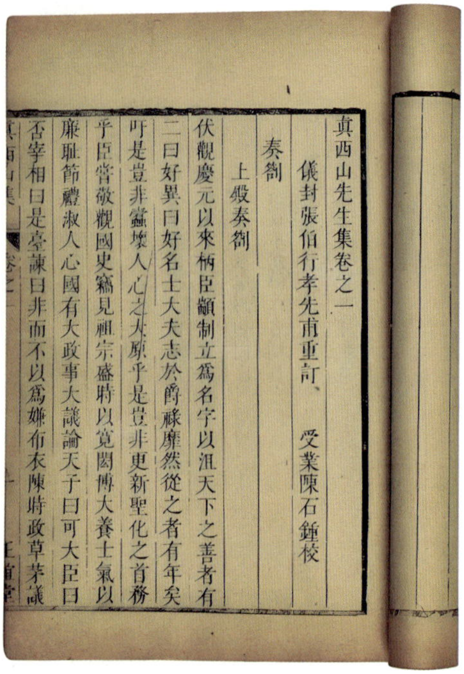
真西山先生集卷之一
儀封張伯行孝先甫重訂　受業陳石鍾校
奏劄
上殿奏劄
伏覩慶元以來柄臣顓制立爲名字以沮天下之善者有二曰好異曰好名士大夫志於爵祿靡然從之者有年矣吁是豈非蠹壞人心之大原乎是豈非更新聖化之首務乎臣嘗敬觀國史竊見祖宗盛時以寛閎博大養士氣以廉耻節禮淑人心國有大政事大議論天子曰可大臣曰否宰相曰是臺諫曰非而不以爲嫌布衣陳時政草茅議

真德秀又引用朱熹的话：读书好像吃饭需要咀嚼，方能品尝出食物味道。如果只是贪读书数量，反而贪多嚼不烂，读过跟没读过一样，自认为读书多什么都懂的人，其实什么都不懂，这就是读书不专一的弊病。

真德秀还认可北宋尹焞的话：观书不必在多，重点在于理解书中的道理！如果只是读书多，却不明白其中道理，那不过是个书店罢了！

通过以上的论述，我们可以看出，真德秀认为，读书最快捷最有益的方法就是专一精研，熟读成诵，只有如此，才能使学业不断进益。

真德秀认为，读书要用心、用力。

他强调，读书要自己主动用心选择阅读内容，如果是毫无目的地去看书，看再多的书，掩卷就忘记，也会茫然无所得。

真德秀引用朱熹的话：读书时候要先收拾身心，让心安静下来，才能开卷有益，如果心内都是各种杂念，就无法和作者所说的道理亲近，又如何能看得下去书？

真德秀还举过一个例子。

北宋陈烈先生苦于记性不好，一天他读《孟子》，其中有句说“学问之道无他，求放其心而已”。陈烈恍然大悟，自己没能做到收心，又怎能记得书上的内容，于是他闭门静坐一百多天，以此锻炼收心。

真德秀强调，用力读书，就是读一本书的战线不要拉得太长，要集中力量去掌握。

关于这一点，真德秀也曾引用朱熹的话：

> 看文字，须是如猛将用兵，直是鏖战一阵；如酷吏治狱，直是推勘到底，决是不恕他方得。

意思是说，读书应当竭尽全力就像勇猛的将军用兵打仗一阵冲杀，奋力苦战；应当深思细究，就像严酷的官吏审理案件，推理查问一追到底，决不能精力松懈放过难点，这样才会有所收获。

真德秀还曾摘引杨时的话：学者须有所疑，乃能进德。但要建立在用功读书的基础上。

四

真德秀是天才，四岁开始读书，过目成诵。七岁就会写文章，十四岁已经读遍六经、诸子百家以及历史书籍。拿如今的话来说，真德秀就是一个妥妥的“学霸”。

宋宁宗庆元五年（1199），22岁的真德秀考中了进士。开禧元年（1205），28岁的真德秀考中博学宏词科，博学宏词科录取率极低，很难考取，每次仅录取一到三人。而进士考试的录取名额每次是数百人，比如真德秀榜录取进士412人。南宋一代通儒硕学多出自博学宏词科。

东汉王充《论衡》中认为能说一经者为儒生，博览古今者为通人，引经据典的是文人，构思巧妙文章布局合理的是鸿儒。

真德秀不仅是儒生、通人、文人，更是一代鸿儒。

五

读书就好像是与作者对话，假如你用傲慢无礼的态度与作者交谈，对方肯定是不爱理睬你；假如你心怀敬畏，满怀虔诚，真心与书交友，虚心探求知识，那，书必定给你以丰厚的回报。

书籍，虽然默默无语，但是，深藏其中的包罗万象，先人思想的汪洋恣肆，勉励世人的警言绝句，无不闪耀着智慧的光芒，照耀着人类一往无前的步伐。

因此，对于书，我们必定要满怀敬畏之心。

何为敬畏？敬畏并非是由畏而敬。敬畏乃指由敬而生的尊重，不是畏别的，畏己之冒犯之念也。也就是说，敬畏，不是恐惧，而是一种人生态度，也是一种行为准则。

真德秀的读书方法，集中体现了他对于书的一种敬畏感。真德秀的读书方法借鉴总结了很多前人经验，如程颐、张载、朱熹等著名学者，他集各家之所长，成一家之见地。

曾经有人询问真德秀的读书方法，他毫不犹豫地回答说：

宁下毋高，宁拙毋巧，宁近毋远。

真德秀重视童蒙教育

一

未出土时先有节，便凌云去也无心。这是宋代诗人徐庭筠《咏竹》中的诗句，意思就是说，竹子尚未破土时，就从骨子里带有气节了；及至长成凌云之高时，也是一如既往地虚心，毫无骄傲之心。

古人写诗，喜欢以物喻人，这便是典型一例。表面上是写竹子，实际上是通过竹子，赞美人之品德高洁，己之立世情怀。

这是以竹喻人，同出一理，亦可以树喻人。

孩子，就像是一棵小树，必须从小精心培土、细心施肥、潜心浇灌，如是，长大后才可大树参天，创一方壮景；浓绿成荫，为世间撑起一片清凉。

从这种意义上而言，良好的人生启蒙教育，对一个人的茁壮成长、健康成才至关重要，正如清清溪水之于鱼虾，阳光雨露之于秧苗。

中国古代，有一种教育就叫“蒙学”。蒙学，是对我国传统的幼儿启蒙教育的一个统称，是我国传统教育中的一个重要阶段。

宋代没有数学、物理、化学之类的现代课程，更没有电脑学习或手机游戏。宋人读的是“四书”“五经”。

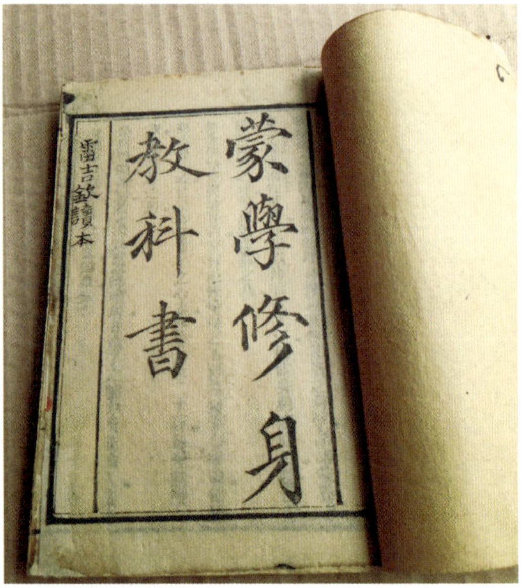

然而，无论社会如何发展，时代如何进步，对于生存、生活于大千世界上的人来说，有一点是永远不可能改变的，那就是，我们的社会，需要高水平的专业人才，更需要思想过硬的品质高洁之士。

这一点，无法改变，也永远不会改变。

正因为深刻了解、明智理解这一点，所以，对于启蒙教育，真德秀格外重视。

二

真德秀对朱熹推崇备至，他的蒙学思想中有很大一部分来源于朱熹，但他进一步发展了朱熹的蒙学思想，并在此基础上形成了自己的风格。

真德秀非常重视胎教。

胎教是在妊娠期间给孕妇创造一个良好的心态和孕育环境，促使胎儿正常发育和优生，以提高人口先天素质的方法。简而言之，其基本思想是：孕妇的心理状态可以影响到胎儿的健康，因此需要良好的环境，尤其是欢悦的心情、乐观的情绪、文化的熏陶，以利胎儿的生长、发育。夫妇关系融洽，生活内容丰富，文化氛围浓厚，胎儿在母腹中就会受到良好的陶冶，婴儿在生理和心理两方面的先天素质就越好。

真德秀在《家塾常仪》记载道：

自胎教至于能言能食，一一仿古人教子之法。

可见对儿童进行教育的最早时间可以追溯到胎教，而且在真德秀看来，胎教的具体方法是可以跟古人模仿的。

为此，真德秀特地举了几个古人事例，以证明胎教的重要性。

《古列女传·周室三母》记载：

君子谓太妊为能胎教。古者妇人妊子，寝不侧，坐不边，立不跸，不食邪味，割不正不食，席不正不坐，目不视于邪色，耳不听于淫声，夜则令瞽诵诗道正事。

这段话的意思是说：周文王的母亲太妊怀文王的时候，就进行了胎教。古代妇女怀孕时，睡觉的时候不侧着身体，坐着和站立的时候，身体笔直、不倾斜，不吃气味不正常的食物，食物切割的不合于礼数不吃，座位不合于礼数不坐，眼睛不看不正常的情景，不听音律不合礼数的音乐。到了晚上，则令盲人乐师唱诵诗以道正事。

《新书·胎教》记载：

周后妃妊成王于身，立而不跛，坐而不差（歪斜），笑而不喧，独处不倨（散漫），虽怒不骂，胎教之谓也。

这段话的意思是说：周后妃怀成王的时候，站立，身体不能不平衡；坐着，身体不歪斜；笑不能大声，独处时肢体也不散漫，虽然生气，但是不能恶语相加。胎教就是这样。

《博物志·杂说下》记载：

妇人妊身，不欲令见丑恶物、异类鸟兽，食当避其异常味，不欲食见熊罴虎豹及射鸟射雉。食牛肉、白犬肉、鲤鱼头。席不正不坐，割不正不食。听诵诗书讽咏语之音，不听淫声，不视邪色。以此产子，必贤明端正寿考，所谓父母胎教之法。故古者妇人妊娠，必慎所感，感于善

则善，感于恶则恶矣。

这段话的意思是说：怀孕的妇女，不能令其看到丑恶的食物，奇怪的鸟兽。吃的食物要避免异常的味道。不去吃熊罴虎豹的肉，不去看打猎时射中鸟和雉，食物切割的不合于礼数不吃，座位不合于礼数不坐。要听诵诗书里的关于讽咏的诗乐。不听音律不合礼数的音乐，眼睛不看不正常的情景。不要随便对感心动念，因为感于善则婴儿善，感于恶则婴儿恶矣，需要十分谨慎。

真德秀举的这几个事例，虽然说的有些大同小异，但说明的同一个道理是中国古人具有高超的智慧，尤其是在教育方面摸索积累了弥足珍贵的经验。同时，也说明了一点，要把一个人培养成长，是一个难辛的、长期的过程，必须从胎教开始。

真德秀的这种胎教思想，对于生活在现代的我们来说，也是值得学习和借鉴的。

三

真德秀认为，培养一个人，选择乳母同样十分重要。

进入宋代后，随着中上层社会妇人普遍不愿亲自乳哺态势的加重，乳母行业进入了高度职业化阶段。因此，人们对于乳母人选的选取，也越加严格，不仅要看形貌特征、衣着体态，还要看精神气质等。

真德秀认为每个儿童出生时都是一样的，都具备仁义礼智信等美好的品德，到后期之所以呈现出截然不同的品性，是因为每个人成长的家庭环境不同。对于儿童来讲，他们的可塑性极强，如果使其所见所闻皆是美好、积极的事物，儿童就容易形成健康、端正的人格，反之则亦然。

真德秀曾引用司马光的话，证明选择乳母的重要：

乳母不良，非惟败乱家法，兼令所饲之子性行亦类之。

大概意思就是说，如果选择的乳母品行不好的话，不仅可能导致家法败乱，由乳母哺育的这个孩子，也可能养成不良的品德。

关于这一点，真德秀从老师朱熹那里得到了很好的学习和借鉴，形成了一致的观点，他们都认为，要为儿童选择合适的乳母，乳母的品行会直接影响教子的成效，而且对家规会产生不良的影响，因此挑选乳母时必须谨小慎微，务必“求其宽裕、慈惠、温良、恭敬、慎而寡言者，使为子师。

总的意思是说，给小孩子找的奶妈，要具备较高的标准，要符合古代传统女性的基本要求，要温柔贤慧，要懂得做人的道理，要能够担当起成为孩子人生第一个启蒙之师的重任。

应该说，大户家的小姐、太太，是不会去从事乳母行业的，要求一个乳母要通晓琴、棋、书、画，好像不太现实。所以，朱熹和真德秀心目中的“使为子师”这个“师”，更大意义上是指小孩子的精神导师、人格良师、生活益师。

四

真德秀蒙学思想是多元的，他从不同的侧面，不同的层次，教人如何读书，教人如何做人。

小孩子进入学校后，真德秀认为，老师的责任很重大，一位良师，可以直接影响一位学生的终生。因此，真德秀对于老师有着严格的要求。

真德秀建议，老师首先要做的就是收心，即把儿童的心思聚集在学业上，通过言传身教，奖励惩罚等手段逐渐培养儿童养成专心致志、

端庄沉静的品格。

首先，真德秀认为，老师要以身作则，率先垂范。要从儿童的日常生活出发，从打扫卫生这一类的生活琐事着手：

小学之方，洒扫应对，入孝出恭，动罔或悖。

意思就是说，在这个过程中，老师须身帅耳提，亲自示范，只有这样，小孩子才能在老师的指导下反复练习，直到做起事来，如此，便可“一一惯熟”，也就是从小养成一个自己动手的好习惯。

其次，真德秀认为，老师不能死教书、教死书，老师授课内容要生动有趣，要能充分吸引儿童的兴趣：

使之欣然乐从事为善。

也就是说，要让学生喜欢听、愿意听。

此外，老师的授课形式也要新颖，不拘泥于传统：

行有余力，诵诗读书，咏歌舞蹈，思罔或逾。

意思就是说，老师除了讲授课本内容外，还可以讲些历史名人故事，适时组织一些歌舞活动，课间休息时带领学生吟诗作赋等。

真德秀还认为，老师要教给儿童学习的方法，如读书时不可贪多，不可以走马观花，也不可死记硬背等，这比单纯教儿童知识更重要，因为知识是无穷的，学习的方法却是有规律可循的，因此真德秀要求蒙师教给儿童获得知识的途径和方法，以及怎样躬行实践。

五

真德秀制定的《家塾常仪》，从七个层面具体强调了一个人所要学习并努力做到行为规则：

一曰：学礼。凡小儿要识道理，识礼数，在家庭事父母，入书院事先生，并要恭敬顺从，与之言则应，教之事则行，切得忌慢，自任己意。

二曰：学坐。定身端坐，齐脚敛手，勿得伏依靠背，偃仰倾斜。

三曰：学行。笼袖徐行，勿得掉臂跳足。

四曰：学立。拱手正身，勿得跛倚欹斜。

五曰：学言。朴实语言，毋轻率慢易。

六曰：学习。专心看字断句慢读，须要字字分明，毋得目视其他，手弄他物。

七曰。学书：臻志把笔，字要整齐圆净，毋得轻易糊涂。

我以为，《家塾常仪》是真德秀将其家训更具体化、实用化，或者说，这七点要求，操作性和实践性更强。

六

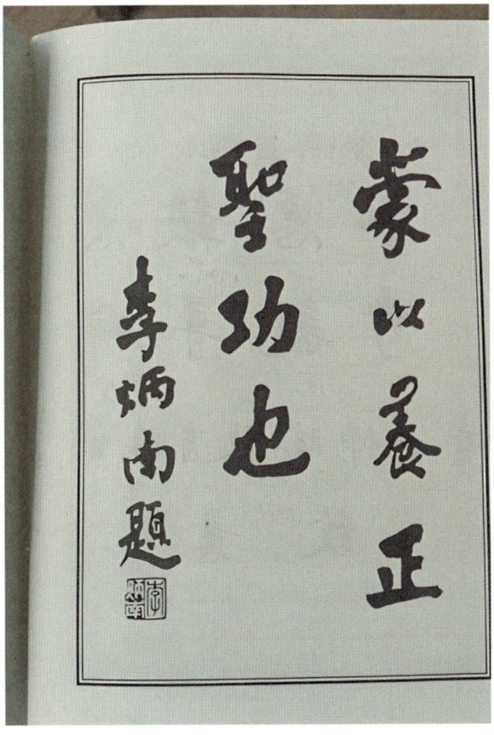

我国传统蒙学教育主要承担两大职能：一是识字教育，二是道德教化。可以说，在传统蒙学中，识字教育与伦理道德教育是相辅相成、互相作用的。

我们应该都有在心底留存着这样的温暖记忆。我们刚牙牙学语，父母便一字一句地教我们读一些简短且通俗的古诗，如：“举头望明月，低头思故乡。”如，“谁知盘中餐，粒粒皆辛苦。”如：“墙角数枝梅，凌寒独自开。

遥知不是雪，为有暗香来。”

当年，我们只知道鹦鹉学舌，根本不解其中之意。但是，“好雨知时节，当春乃发生。随风潜入夜，润物细无声。”正是父母的这种最初的启蒙教育，在我们幼小的心灵中，播下了勤劳善良、英勇无畏的品格种子。

低头思故乡——启迪我们要热爱家乡，家乡是我们的根，是我们的魂。

粒粒皆辛苦——告诫我们要学会节俭，一分汗水一分收获，天上不会无缘无故地掉馅饼。

凌寒独自开——教导我们要学会坚强，宝剑锋从磨砺出，梅花香自苦寒来。

……

真德秀是一位蒙学大师，他亲手制定的《真德秀家训》《家塾常仪》，他写给儿子真志道的数首教育诗，都是他蒙学思想的具体体现。

此外，如上文所述，真德秀无论是谈“胎教”教育，还是谈“乳母”选择，或是谈对良师的要求，或是制定“七学”规范，不仅在当时有着积极的意义，就是放在当下我们的生活中，也是值得我们学习借鉴并受益无穷的。

真德秀创成语“一日之冬”

一

真德秀在《夜气箴》中写到：

夫一昼一夜者，三百六旬之积，故冬四时之夜，而夜乃一日之冬。

意思是说，每一个日日夜，就是一年三百六十天的累计总和，所以说，每年的冬季，就好比是一天中的夜晚，而每一天中的夜晚，又好比是四季中的冬季。

真德秀之所以打这样的比方，实际上是源于古代人的一种说法。

《左传·昭公元年》中记载：

侨闻之，君子有四时：朝以听政，昼以访问，夕以修令，夜以安身。

意思是：君子（国君）一天之中有四个时段，而在这四个时段中，都会有不同的工作安排：早晨用来听取政事，白天用来走访询问，晚上用来确定政令，夜里用来安歇身体。

古人把一天分为四个时间单元，一为“早晨”，我的理解是类似于皇帝早朝或学生早自习这段时间；二为“白天”，指的是上午和下午的工作时间；三为“晚上”，指的是晚饭后到睡觉前这段时间；四为“夜里”，就是指睡眠时间了。

按照古人的时间安排表，我们发现，他们的工作节奏是相当紧张的，清晨即起，半夜入睡，周而复始，连绵不断。

二

依照我们现在的工作状态，晚上，除了加班之外，基本上属于我们自己所把控的业余时间，看看电影、电视，喝喝茶、聊聊天，年轻人花前月下，老年人跳跳广场舞等等，都是没有约束力的个人行为。

古人有意思就在这里，他们把晚上时间，也纳入了工作范畴（夕以修令），也就是说，对于古人而言，晚上这段时间，是用于工作的，正像学生上晚自习一样，是学习的一种常态。

真德秀是一个一心扑在工作上的勤政官员，我想，他晚上一定也有做不完的事情。他任隆兴知府时，就曾说“朝夕访问，不敢一日忘”。“朝”就是白天，“夕”就是晚上，真德秀不仅白天开展调查研究，晚上也总是外出访贫问苦。

何谓“夜气”？从字面上看，夜气，就是夜晚的气，然而，中国文化博大精深，后来成为儒家思想中一个重要的概念，它代表了人们在夜晚静思时所产生的良知善念。

在《夜气箴》中，真德秀打了一个比方：

子盍观夫冬之为气乎？木归其根，蛰坏其封，凝然寂然，不见兆朕。而造化发育之妙，实胚胎乎其中。

真德秀说，冬天的树木种子埋藏在泥土下面，沉默无语，人们根本看不到它的形体。其实这是生命发育的绝顶精妙，因为生命正生机勃勃地孕育在胚胎之中，等到一旦开春，它就将冲破土层，茁壮成长，为大地奉献一片绿荫。

真德秀打这个比方，说的就是思考。忙碌了一整天的工作，晚上，就应该静心坐下来，想一想，明天的工作要如何开展，只有认真思考，理清思路，找明方向，工作才不会无的放矢，才不会瞎指挥，乱指挥，才能使工作事半功倍。同时，还应该静下心来，想一想，明天自己的人生道路要如何走，哪些事能做，哪些事不能做；哪些话能说，哪些话不能说。唯有如此，人生道路才走得直，走得正。

三

《孟子·告子上》“牛山之木”章中曾提到“夜气”和“平旦之气”。

从字面上看，夜气，就是夜晚的气；平旦之气，就是早晨的气。但是，古人所说的气，不仅指生理活动，也指人的精神活动，如我们称赞一个人有骨气、气节，说一个人一身正气等。如父母教育子女“人活着就是要争口气”，骂不肖子孙是“不争气”，这里的气，已不是生理之气，而是精神之气了。

中华民族特别讲究一种浩然正气。

据《孟子·公孙丑上》记载：有一次，孟子的弟子公孙丑问孟子：“请问老师，您的长处是什么？”孟子说：“我善于培养我的浩然正气。公孙丑又问，什么叫浩然之气？孟子说：“它是充满在天地之间，一种十分浩大、十分刚强的气，这种气，是用正义和道德日积月累所形成的。”

孟子还曾经说过一段非常有名的话——富贵不能淫，贫贱不能移，威武不能屈。孟子认为，一个人有了浩气长存的精神力量，面对外界一切巨大的诱惑也好，威胁也好，都能处变不惊，镇定自若，达到“不动心”的境界。

我认为，真德秀之所以写《夜气箴》，实际上，他是借“夜气”之名，

来表达一种人世间的浩然正气。

在《夜气箴》中，真德秀以自己为例，谈到了为官之道：

而为守必斋其心，必肃其躬，不敢弛然自放于床第之上。

真德秀说，我作为太守，是一方百姓父母官，肩负着这方百姓安宁幸福的重任，更需要在晚上这一清静的时间段里，想一想自己身上的重担，想一想如何树立一颗大公无私之正心，如何严格要求自己，使自己的一言一行，都符合道德规范。如是，我才对得起苍生百姓。所以，我每一天都不敢早早地上床休息。

真德秀在《夜气箴》还谈到了一个动与静之关系，他说：

动静交养，则人欲无隙之可入。

真德秀说，就像白天和晚上是两个相对又相联的概念一样，动与静也是一对相对又相联的概念，白天，全身心投入工作之中，为民造福；晚上，深入反思自己，反省自己，只有动与静交相融合，密切契合，那些有违道德准则的私心杂念才没有生存的空间。

四

有专家分析，真德秀的《夜气箴》强调的是“以夜为本”的思想理念。

真德秀曾说过一个著名观点：

物欲之害，夜为最甚。

意思是说，夜晚，是一个人最难控制欲望、最容易产生欲望的时刻。所以，这个时刻，人们必须格外严把思想道德关，否则，稍不留神，极易滑入歪门邪道。

因此，真德秀提出“以夜为本”的看法。在《夜气箴》中真德秀写到：

而夜气深厚，则仁义之心亦浩乎其不穷，本既立矣。

真德秀说，正因为夜晚容易使人产生过多甚至是不良的欲望，所以，我们要在夜深人静、心静的时刻，借助深厚的夜气，去思索人生的走向，去探究正气的本源，养就仁义之心，养就浩然正气。

在中国历史长河中，有许多可歌可泣的历史人物，浩然正气长存天地间，如不怕杀头仍秉笔直书的晋国史官董狐；坚贞不屈，誓死不降，在匈奴牧羊十九载的苏武；被俘后大喝“蜀中只有断头将军，而无投降将军”的严颜；“人生自古谁无死，留取丹心照汗青”的文天祥……

于成龙是清朝非常有名的廉洁官吏。清朝时期的官员俸禄不高，于成龙虽贵为封疆大吏，却只依靠俸禄生活，他为官多年从不带家属赴任，随身财物也只是一个竹箱，两只锅、书籍，别无他物。他曾经告诫部下：“若一味爱钱，只恐子孙纵会做文字，毫不出头。更恐神鬼恼恨，生出盲眼子孙，上长街唱莲花落，要看字也不可能了。莫笑老夫迂谈。”

当然，随着社会不断向前发展，人们生活水平不断提高，我们不排斥适当的享受生活，但重要的是必须要把握好合理的尺度，做任何事情都要适可而止，不可无限制满足自己的贪欲。同时，更要时刻敲响“为人不做亏心事，半夜不怕鬼敲门”之警钟。

欲望是每个人都有的，如何控制好欲望，才是一个人要修行的主要课程。只有让心静下来，才有不被物欲吞噬的能力。

五

夜，是一个永恒的自然主题，也是一个永恒的人生主题。

明代文人张岱在《夜航船》中讲的一个故事：

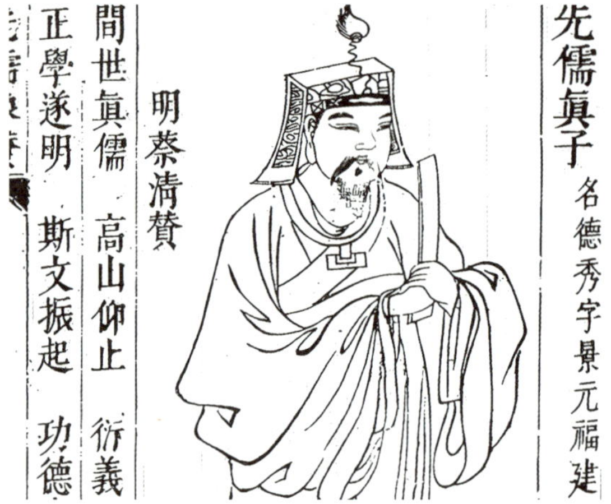

昔有一僧人，与一士子同宿夜航船。士子高谈阔论，僧畏慑，拳足而睡。僧人听其语有破绽，乃曰：请问相公，澹台灭明是一个人、两个人？士子曰：是两个人。僧曰：这等尧舜是一个人、两个人？士子曰：自然是一个人。僧乃笑曰：这等说起来，且待小僧伸伸脚。

张岱仅仅用了寥寥数笔，便将一位“胸无点墨，却喜高谈阔论”的读书人，和一位“知识渊博，但对文化怀有敬畏之心”的僧人的形象刻画得栩栩如生，当时的情景仿佛立现于眼前，令人忍俊不禁。

通过这则小故事，张岱告诫天下读书人，不要有点学问便自以为是，世界之大无奇不有，从古至今，从天文到地理，从官场到民间，要学的东西可太多了！

由真德秀的《夜气箴》，由张岱《夜航船》中的小故事，我脑子中立时浮现出了“敬畏”二字，并且立时将这二字与文化进行联系，于是，得出一个结论——

敬畏文化，就是敬畏天地。

敬畏文化，就是敬畏历史。

敬畏文化，就是敬畏自己。

真德秀读书破万卷

一

脚步丈量不到的地方，书可以；

眼睛到不了的地方，书可以。

所以，我们要读书，我们要多读书。

汉代刘向曾说："书犹药也，善读之可以医愚。"在这里，刘向是打了一个比方，将书比之为药，意思是说：书就像药一样，阅读得法，可以医治愚蠢的毛病。这句话，也从人生的一个侧面，强调了读书的重要。

真德秀自幼饱读诗书，终成一代大儒。

真德秀曾说：

> 生而可知者义理之源尔，若夫治己治人之法，固不能无待于学也。……虽生知之圣未有不从事于学者。

每个人天生就是具备有学习的能力的，关键在于后天有没有认真刻去学。即使是生而知之的圣人也必须读书学习，更何况我们这些普通之人？

一个人除了真诚学习之外，还必须发自内心地尊重书本上的知识，

不仅诚信之，而且诚行之。也就是说，要将自己所学到的知识，体现于自己的行为当中。拿我们现在的话来说，就是学以致用，理论指导实践。

真德秀是一个理学家，所以，他的读书理论，深深体现出其经世致用的家国情怀。也就是说，在真德秀心中，读书的目的，是为了救国济民，匡扶社稷。

当然，不可能每个人都是真德秀，不可能每个人都像真德秀那样，具有高耸的人生站位，广博的天下胸襟。

但是对于每个人来说，读书都是一生中一项重要的生活内容，是陪伴终生的一种生活必要和生活情趣。因为，读书可以使人收获知识。读书可以提高一个人的涵养。读书可以令我们领略智者的思想。读书可以帮助我们建立正确的人生观。读书的终极目的是为了让自己明白世界，同时看清自己。

无论是驱赶迷茫，还是对抗平庸，无论是心理减压，还是安享余生，读书，都是一种最简单最实用，最能放飞心灵的生活方式。

二

真德秀天生就是爱读书、会读书之人。

宋代周密在《齐东野语》卷一中，记载了一则真德秀的读书轶事，读来颇为有趣，也颇受启迪。

当时有个人叫倪思（1147—1220），字正甫，湖州归安（今浙江湖州菱湖镇射中村）人，宋乾道二年（1166）进士，中博学宏词科，官至礼部尚书，卒谥文节，博学多才，喜奖掖后进。

倪思看到刚出道的真德秀，一表人才，才学卓著，特别欣赏，也

特别喜爱。有一天，倪思对真德秀说："我家里有很多的珍藏书籍，如果需要，我可以借给你读。"真德秀当然是求之不得，随后便经常去借书。不过，有一次，倪思不高兴了，为何？因为，真德秀借了书之后，每次都是一两天就还给倪思，好似手都没触摸过一样。

这天，倪思有点忍不住了，说："我是诚心诚意借书给你读，为的是让你百尺竿头，更上一步。可是你为什么借去后，都没有认真读，就归还于我呢？"真德秀知道倪思误会了，所以，惶惧地回答说：

先生善诱后学，何敢自弃。其书皆曾自己看阅过，只是不敢久留。

真德秀说，我知道先生您高风亮节，竭力扶持奖掖晚辈。对于您的这一片苦心，晚辈我又怎么敢不心存感恩而自暴自弃呢？从您这里借去的书，每一本我都小心翼翼认真苦读，并且绝不敢有丝毫损坏。我之所以及时归还于您，是因为我不好意把您的书太长时间地留存在我处，生怕影响您自己阅读呀。"

倪思听了真德秀的一番话后，还是有点不相信。于是，他随意挑

出一两段来，没想到，真德秀都能随口成诵。倪思大为惊喜，很是赏识，向真德秀翘起了大拇指。

不可否认的是，真德秀肯定具备有常人所难以企及的“过目成诵”之记忆力。不过，话也得说回来，一个人既使再有天赋，如果后天不努力，也仍将一事无成。

上面这则轶事，一方面是肯定了真德秀超人的记忆力，另一方面，更是肯定了真德秀用心读书、刻苦读书、以书为友的极度认真、极为端正的读书态度。

三

在浩如烟海的书籍宝库中，真德秀绝对是一个艰苦卓绝的探寻者，一个孜孜不倦的品鉴者。

那么，真德秀到底读了多少书呢？这个问题，谁也无法给出完满的答案。不过，用“博览群书”“学富五车”“才高八斗”等来形容之，无疑都是毫不为过的。

真德秀幼年、少年读些什么书，没有详细的记载，但从《西山文集》的片言只语中，我们不难看到，一个天才少年在高耸入云的书山上，一步一步、不懈攀登的背影。

真德秀在泉州任职拜谒孔庙时，写了一篇《谒先圣庙文》，先圣庙是祠孔子的庙宇。文中说：

某不佞，幼读先圣之书。

幼儿时的真德秀就开始读儒家经典的《论语》。真德秀还说，他读后“未尝不谓三叹”。这就说明，年纪尚小的真德秀，虽然不可能完全理解书中内容的深刻含义，但却产生了一种心灵的相通与情感的相依，在此碰撞之下，每每感叹不已。

真德秀知潭州时，曾写过一篇《祭胡给事（胡安国）墓祝文》，文中称：

> 公生于武夷而老终于衡岳，既乡闾之先哲，又道德之宗师。……自少读公书，考现行事，高山景行，仰慕何究。

真德秀说，胡安国出生于武夷山下，逝世于南岳衡山下，他既是我们著名的先哲先贤，又是值得我们效仿的道德楷模。我小时候就读过先生的著作，如今来到潭州任职，了解到了许多先生的生平事迹，对于先生我真是感到高山仰止。

宋代崇安县五夫里（今福建武夷山市五夫镇）胡氏家学是闽中早期理学的一大学系，它以胡安国、胡寅、胡宁、胡宏、胡宪等父子叔侄为主要代表，五人并称为“胡氏五贤”。他们在当时学术界享有盛誉，其中胡安国、胡宏、胡宪更是宋代理学由开创、形成、发展到集大成阶段之间的关键性人物。胡安国、胡宏父子创办湘潭碧泉书院，以书院为阵地传播理学、培养学子，开创了湖湘学派。

胡安国及其长子胡寅、三子胡宏墓皆在潭州，真德秀知潭州之初，就到他们的墓地拜谒，以上这篇《祭胡给事（胡安国）墓祝文》，便是拜谒后所写。胡安国主要著作是《春秋传》，由此可见，真德秀少年时就读过此书。

真德秀还写过一篇《明道先生书堂记》，明道，就是程颢，世人称之为明道先生。

程颢（1032—1085），字伯淳，世称明道先生，与其弟程颐（1033—1107）共创的“洛学”，对朱熹学术的形成和发展影响最为深远，以至于人们常常把程朱并提，称为程朱理学。

在《明道先生书堂记》一文中，真德秀写到：

少知诵先生之书。

也就是说，少年真德秀就读过程颢、程颐的著作。

朱熹综罗百代，集理学之大成，创立了广大精微闽学思想体系，为中国文化巨人。真德秀是继朱熹之后的一代大儒，他一生都致力于朱熹理论的阐述整理，并有所创新。在《朱文公祠祝文》中，真德秀写到：

某不佞，自少读先生之书。

朱文公，就是朱熹，就是说，真德秀在少年时也就开始读朱熹的著作了。

以上叙述，虽然仅是片鳞半爪，但据此，我们可以看出，少年时的真德秀已经开始阅读自孔子至朱熹的主要著作，为之后成为大儒打下了坚实的儒学文化基础。

当然，真德秀读的书自然不止孔子、朱子等的著作，他也喜欢诵读名臣的名篇。他的学生刘克庄的祖父刘夙是位名臣，官著作佐郎，此人“轻爵禄而重出处，厚名闻而薄利势”。真德秀少时就读过刘夙给皇帝的奏稿，对他奏稿中“立朝能尽言，治民能尽力”的诤言很是敬佩，所以，真德秀说，读后“未尝不拊卷叹息”。意思是说，读了刘夙给皇帝的奏稿后，真德秀心潮澎湃，情不能已，往往是合上书卷后，仍旧深深感叹。

真德秀还是一个阅读兴趣相当广泛之人，尽管他主要攻读的是先哲先贤的经典著作，但是，对于其他方面书籍，他也尽可能的搜罗阅读之。

真德秀小时候就读过一些佛教方面的经典著作，如《观世音菩萨普门品》。此书简称《普门品》，原是《妙法莲花经》里的一经品，是佛教经典。后来，有一个叫杨和父的人刊印了《普门品》，真德秀专门为他作《跋杨和父印施普门品》一文，文中说：

余自少读《普门品》，虽未能深解其义，尝以意测之，曰此佛氏之寓言也。

真德秀说，我读这本书的时候，年纪还小，涉世尚浅，所以当时无法全部理解书中的深层次奥义，但是，此书却给我留下了深刻的印象。

少年时的真德秀对古琴也非常感兴趣，年少时就读过北宋著名欧阳修作《序琴》。嘉定九年（1216）秋，真德秀在江东任上，朱熹的学生、学琴40年的萧长夫来访，两人登钟山、访定林、酌寒泉、听萧长夫操琴，还高兴地写下《赠萧长夫序》。

“读书破万卷，下笔如有神。”这是一句写作名言，众所周知。但是，对于读书破万卷的真德秀而言，读书，就不仅仅是为了写作，更是为了吸取精神滋养，提高道德境界，锤炼勤政为民水平。

这一点，真德秀做到了。

四

爱读书的真德秀，在赋闲回家乡浦城的时候，更是把读书、讲学、写作视为人生不可或缺之事。

梦笔山上有真德秀读书处，此外，真德秀在迁阳（现仙阳）还有两个读书、讲学处。

在迁阳镇西有一佳处，称为百丈山，因其山高耸百丈，故名。此山西面是雄峻的腾云尖，远远望去，尖峰矗立，云雾缭绕，尖峰时时在云雾上面呈现。称为白水漈的山溪，在山脚蜿蜒而过，山上积石如仙象，称为马大仙。山水流至新溪（今称马莲河），中有瀑布，称为龙湫，山上茂密的苍松翠竹遮天蔽日，流水潺潺，瀑布轰鸣，环境优美。

宋政和年间（1111—1118），此处毛竹结籽，饥民都采集来煮熟当饭。时任福州提举的浦城人黄静将这情景画成图，上奏皇帝，诏交史馆。此处幽闲深静，无浮嚣之象。真德秀丁忧在家时和他的门人在此读书，丰富了他的学术思想。山上有灵泽殿，真德秀还写有《百丈山灵泽殿迎神送神词》。

真德秀在浦城，还有一读书之处，就是迁阳的油果山。油果山在仙阳镇东南一公里处，南浦溪于北麓绕山而过。相传此山怪异，朝凿暮合，祀以油果，遂不复合，故名油果山，因山有仙游寺，又称仙游山。现在则以油果山的谐音，称为荣华山。山不算高，满目郁郁葱葱，树浓如雾、如海、如涛。山有泉三眼，连在一起，但色彩不一，水呈青、白、玉三色。此山清奇峭拔，宋代道人周霞，独具慧眼，在此隐居炼丹，在此建神景寺（后改称仙游寺），水旱之时，周霞祈祷必有灵验。里人以祈祷之明验，闻于府，于监司，于朝廷，朝廷封周霞为冲应真人。真德秀对周霞很是敬重，宋嘉定五年（1212），他特请参知政事楼钥，作《冲应周真人祠记》。绍定元年（1228），真德秀又请友人黄洪书写，建安余焕刻石，知观事周道珍立石。此文刻在一块太湖石上。此碑历经风雨，奇迹般地保存至今，成为罕见的镇山之宝。民间盛传，这块太湖石是周霞用雨伞柄穿着，从苏州太湖背到此地。又传周霞背来太湖石后，把伞柄插入地下，长成了方竹，现山上还有一片方竹林。

仙游山是真仙之胜境，真德秀十余次在此祈祷、设醮，还在山上建仙游山房招鹤亭。真德秀的学生王迈《臞轩集》卷十一《诸门生祭真大参西山先生文》称："共极堂高兮夜不晨，招鹤亭深兮愁暮云。"卷十六《沁园春》词也有提到招鹤亭："招鹤亭前，居然高卧，许大乾坤谁主张？公须起，要擎天一柱，支架明堂。"从中可以得知，真德秀赋闲在乡，时时在此修身养性。

真德秀从祀孔庙

一

考亭书院是朱子创办的最后一所书院，位于今南平市建阳区考亭村。这位南宋理学家在此承续道统、规范祭祀、著书立说、讲学授徒，构建了博大精深的理学体系，形成影响深远的“考亭学派”，在中国思想史上树立了一座丰碑。

考亭书院初名竹林精舍，是朱子晚年居住、讲学与终老之地。绍

熙五年（1194），因来学者益众，朱子便对竹林精舍进行扩建，后更名为沧洲精舍。南宋淳祐四年（1244），在朱子逝世 44 年后，宋理宗为褒扬朱子，诏改沧洲精舍为考亭书院，并赐“考亭书院”匾额。此后，考亭书院之名一直沿用至今。

2019 年秋，考亭书院重建工程全面竣工并对外开放。重建后的考亭书院占地总面积 300 亩，建筑设施以道原堂、集成殿、太极广场和庆云楼为主体，分别发挥讲学、祭祀、藏书等功能；配套建设了由明理苑、劝学苑、博学苑组成的观书园。

在朱熹创建的书院中祭祀朱熹，开端者为刘克庄。

南宋宝庆元年（1225）秋，朱熹逝世 25 年后，刘克庄任建阳知县，在考亭书院内建文公祠，次年落成。祠中主祀朱熹，而以门人黄榦配祀。

南宋后期，朱子理学成为官方的统治思想后，一直到明清，福建书院多以朱熹为主祀对象，配祀对象为其四大弟子：蔡元定、黄榦、刘爚和真德秀。

我们走进集成殿大殿，正中耸立着是高大庄严的朱子塑像，塑像上方悬挂“大儒世泽”匾额，朱子像两旁有四配，最左边第一位为蔡元定，蔡元定是蔡氏九儒之一；第二位是黄榦，潭阳七贤之一。黄榦深得朱子喜爱，朱子把女儿朱兑许配给黄榦。右边第一位是刘爚，也是潭阳七贤之一；第二位是真德秀，朱子的再传弟子，史称“朱子之后一人也”。

二

真德秀配祀朱熹，已是了不得的荣耀。然而，真德秀还从祀孔庙，这更是对他历史地位的一种崇高敬礼。

因为，在中国古代，死后能够配享孔庙，和孔子一起接受祭拜，

是读书人一生中最梦寐以求的最高理想，是展示自我、光宗耀祖的最高礼遇。

真德秀做到了，所以，他必定可以含笑九泉。

孔庙，是祭祀我国古代伟大的思想家、政治家、教育家孔子的庙堂。据有关资料介绍，孔庙中，奉祀的不限于孔子一人，还有配祀、从祀的“四配”“十二哲人”“七十九先贤”“七十七先儒”，“崇圣祠”内还奉祀孔子上五代先祖先妣等，共计 180 余人。

可以客观地说，孔庙内，奉祀的是以孔子为代表，包括历朝累代儒家思想继承和传播中的最优秀人物。正如繁星满天，难以胜数，孔庙内所撷取的是那最光彩夺目、光芒四射的 100 多颗。

孔庙第一批配祀的是“四配”。

他们是孔子弟子与后学中四位最杰出的代表——颜回、曾参、子思、孟轲，称为“四配”，又称“四公”。他们的塑像分坐于孔子像的两侧。依次为：孔子像东，为兖国公颜回（复圣）、沂国公子思（述圣），孔子像西，成国公曾参（宗圣）、邹国公孟轲（亚圣）。

后来，孔庙配祀增加“十二哲”。

唐朝开元三年（720），唐玄宗诏令国学祭祀孔子时，将颜子、闵

子骞、冉伯牛、仲弓、宰我、子贡、冉有、子路、子游、子夏等十人享配孔庙，称为“十哲”。这十人被公认是孔子的好学生。

孔孟之后，弘扬儒学最杰出的功臣要数南宋的朱熹，他发展了宋代理学，成为理学的集大成者，对中国的思想文化产生了巨大的影响。清康熙五十一年（1712），增补朱熹为第十一哲。此后，清人又增补孔子的弟子有若为第十二哲。

在“十二哲”中，只有朱熹一人不是孔子弟子，可谓殊荣之至。

除了“四配”和“十二哲”之外，在孔庙中从祀，还有“先贤”“先儒”众位。

真德秀位于“先儒”之列，明正统二年（1437），真德秀与胡安国、蔡沈同时从祀孔庙。

先贤，主要是指孔门弟子及再传弟子。东汉永平十五年（72），汉明帝到曲阜祭孔，并祭孔门七十二弟子。此后，习惯上将七十二弟子的像画在孔庙两侧的墙上，但不祭祀。唐玄宗以十哲配祀时，将其他弟子从祀。南宋时，又将周敦颐、张载、程颢、程颐等宋代理学大师从祀。今日孔庙所见从祀先贤的牌位，位于大成殿两侧东西两庑的北端。

先儒，是指在历史上对儒学有杰出贡献的学者。最早推出这一举措的是唐太宗。贞观二十一年（647），太宗下诏，每年太学祭祀时，将左丘明、卜子夏、公羊高、谷梁赤、伏生、孔安国、刘向、郑众、马融、卢植、郑玄、何休、王肃、王弼、杜预、范宁、贾逵等22位为《易》《书》《诗》《礼》《春秋》等做过注解的学者，作为传播儒学的功臣配享，以表彰其传注之功。宋神宗时期，又将荀况、扬雄、韩愈这三位在儒学史上有杰出贡献的学者列入从祀名单。

此后，明清时代将一批尊奉儒家思想、品德高尚、对中华民族有

重要贡献的仁人志士列为先儒，从祀于孔庙，如诸葛亮、韩琦、范仲淹、司马光、李纲、真德秀、陆秀夫、文天祥、黄宗羲、王守仁、王夫之、顾炎武、张伯行等。从祀的先儒供奉于东西两庑的南端。

这些走进孔庙陪祀孔子的圣哲先贤，既包括历代的儒家文化精英，也包括历代的仁人志士，实际上是一部浓缩了的中国文化史，是一条波澜壮阔的中华民族的精神长河。

这里有——孔子“仁者爱人”的情怀，曾子“修身齐家治国平天下”的胸襟，孟子“富贵不能淫，贫贱不能移，威武不能屈”的气概，范仲淹“先天下之忧而忧，后天下之乐而乐”的忧患；这里有——文天祥“孔曰成仁，孟曰取义，唯其义尽，所以仁至。读圣贤书，所学何事？庶几无愧”的浩叹；真德秀“从来守令与斯民，都是同胞一样亲。”的真情倾诉……

我们走进孔庙，站在这群中国历史上最杰出的人物面前，瞻仰他们的圣像，辨认他们的名字，就像在与先圣先贤进行一场心灵对话，就像在接受一场场或电闪雷鸣、或和风细雨的道德熏陶、精神洗礼。

三

“泗水文章昭日月；杏坛礼乐冠华夷。”这是山东曲阜孔庙杏坛的一副楹联。

泗水，流经孔子的家乡山东曲阜，这里代指孔子；杏坛，为孔子讲学的地方，后来成为教育圣地的代名词，孔子教育光辉的象征。

这副对联，用诗的语言，联的工整，赞颂孔子的文化教育思想，如日月光华，光辉灿烂，独步天下。

孔庙，即孔子庙，又称文庙，或先夫子庙、至圣庙、先师庙、圣庙、

宣尼庙、宣圣庙、文宣王庙、圣庙、圣堂、文庙等。是历代王朝纪念孔子的祠庙建筑，传统的中国城市都有孔庙，为历代儒家学子朝圣之地。

浦城县文庙（即孔庙），中为大成殿，东为两府院，南为戟门，外有泮池及金水桥，四周绕以红墙，墙外绕以深沟。大成殿建筑规模宏大，雕梁画栋，朱漆辉煌。板壁柱门均漆成赤红色，大殿正中供奉孔夫子塑像。据当地老人回忆，塑像之泥来自山东曲阜孔子故乡，故有“全国三尊半，半尊在浦城”之称。

浦城文庙历次的修葺，都留下大量的碑文，记载了维修的经过，集资捐款者的名录，并有大量田产收入的记录。可惜在上世纪六七十年代大部分碑文被毁。1967 年 9 月 3 日的一场无名大火，孔庙成为一堆焦土，仅存金水桥和泮池。

金水桥、泮池，现为县级文物保护单位，据《浦城文物》一书记载：金水桥、泮池原为浦城孔庙建筑的组成部分。浦城学宫（孔庙）于北宋庆历年间（1041—1048）由陈襄所建。陈襄于北宋庆历二年（1042）中进士，即任浦城县主簿权知县事，到任后，孜孜以教育人才为务，在县东南隅龙头山左筑学宫并建孔庙。南宋绍兴三年（1133），孔庙重建，理学家杨时为之作《重建文宣庙记》。明正德十六年（1521），知县周南始迁学宫于北隅里皇华山麓，即现址。1916 年，李迪瑚先生集资在孔庙创办浦城县私立中学。1967 年孔庙大成殿毁于火灾，只剩金水桥和泮池。……金水桥亦称泮桥、状元桥，清顺治四年（1647）所建，单孔石拱，桥长 11 米、宽 4.3 米，矢高 1.1 米，跨径 2.8 米。花岗岩条石砌筑。桥面两侧围青石护栏，立望柱 16 根，柱高 1.3 米，护栏高 0.7 米。整座桥梁共用青石板 72 块，隐喻孔子门下七十二贤人之意。桥头南端抱鼓石原为上马石，寓意状元、进士骑马游金阶，后

因南方人不善骑马而改为头插金花、身着状元袍、击鼓蹬靴上金桥，寓功成名就之意。泮池，明嘉靖三年（1524）建，东西长 21 米、南北宽 11 米，平面呈长方形，四周围以青石护栏，用柱 28 根。泮池自创建以来三年一小浚，九年一大疏，至今保持原貌。池水从北门官沟之猢狲井绕万仞宫墙而过进入泮池。旧时生员入学必在泮池洗脸濯足，即“入学宫游泮水循规蹈矩修天爵，崇正学守圣经提纲挈领教人伦”。

多少浦城莘莘学子，曾披晨光、沐夕露，漫步于泮池畔，徜徉于金水桥上。

他们，一定瞻仰过孔子的尊容，他们一定聆听过真德秀的殷殷教诲，他们的知识大厦在这里奠基，他们的人生风帆从这里起航。

下篇

一代君子真德秀

君子，德才兼备，文质彬彬，有内涵，有所为有所不为，达则兼济天下，穷则独善其身，是两千多年来中国人追求的理想人格。后来，君子一词，便成为所有道德学问修养极高之人的统称。

真德秀追月苦读

一

读圣贤书，走科举路，向来是历代中国先哲的人生通天大道。因此，先哲们对书都满怀浓厚深情，如，汉代的刘向视书为“良药”——书犹药也，善读之可以医愚。明代的于谦视书为“故人”——书是多情似故人，晨昏忧乐每相亲。清代的袁枚视书为“陈酒”——书味在胸中，甘于饮陈酒。……

几千年来，中国历史上，也流传下来许多古人刻苦读书的经典范例。如，孔子“韦编三绝”、匡衡“凿壁偷光”、苏秦“锥刺骨”、孙敬“头悬梁”、车胤“囊萤”、孙康“映雪”……

真德秀也不例外，他从小与书为伍，同书结缘，奋力攀登书的高山，畅游书的海洋，用勤奋开拓人生旅途，用刻苦论证人生命题。

二

真德秀是天之骄子，自小便不同凡响。

“四岁受书，过目成诵，七岁能文。”短短 12 个字，便将一位栩栩如生的天才少年形象，鲜活地定格在了历史典籍中。

真德秀四岁时开始读书，所学文章，经过老师抑扬顿挫地教一遍，他便能行云流水地背诵下来。并且，七岁时，真德秀写出的文章，文理通畅，令人赞叹。

天才自有天生的天赋，并具有异于常人的感知力和感悟力。因此，真德秀似乎天生便明白一个道理——天赋，只是一粒饱满的种子，缺少了肥沃的土壤、灿烂的阳光、充沛的雨水，也难以长成同蓝天比高、与白云相亲的参天大树。

真德秀没有躺在天赋异禀的温暖被窝里，自鸣得意，昏然沉睡。他立足于天赋的厚重基石，借刻苦为车轮，化神奇为力量，一身腾腾汗水，一路滚滚尘烟，走出一部彪炳史册的人生传奇。

真德秀的学生刘克庄在《真公行状》记载：

> 入小学，夜归，尝置书枕旁，灯膏所熏，帐皆墨色。群儿休沐聚戏，公并记其书卷，兼熟之矣。

这段话简洁明了，画面感极强，宛若一个个精彩回放的慢镜头，将一个苦读少年的苦读旅程，化为呼之欲出的生动形象。

每天晚上，真德秀自学校回到家中后，并没有急于入睡，他依然躲在蚊帐中看书学习，一个字一个字地咀嚼，一段文一段文地吸收。天长日久，真德秀胸中的雄文华章，似锦绣般徐徐铺开；天长日久，一盏如豆油灯，照亮沉沉黑夜，更照亮真德秀如饥似渴求学的心路历程；天长日久，淡淡的烟雾，将床上的蚊帐，熏成了浓浓黑色。

真德秀的家乡福建省浦城县，至今仍流传着真德秀“追月读书”的故事。

晚上，劳累了一天的真德秀仍坚持攻读，但因父亲早逝，凭靠母亲为他人缝缝补补、洗衣浆裳维持生计，所以，家境贫困尽在不言之中。懂事的真德秀为了节省灯油，便坐在屋内窗下的床沿上，借着洁白的月光看书。一会儿，月儿升高到东南上空，真德秀不畏月夜寒凉，走出屋门外，斜倚着门框上看书；夜阑更深，月儿西斜，真德秀便爬上房顶，追着月光看书。久而久之，真德秀实在困乏了，不由自主地进入了梦乡。一不小心，真德秀“扑通”一下，从房顶跌了下来。可是，真德秀跌醒过之后，忍着疼痛，又咬着牙爬到房顶，依旧在如水的月光下，埋头苦读了起来……

这个故事，在浦城经久流传，已成为浦城学子勤奋学习的经典范例。

这个故事，在民间广泛讲解，已成为长辈教育晚辈勤学苦读、奋发上进的最佳教材。

真德秀以孝为先

真德秀是中华孝道文化的典范。

少年丧父，哀莫大焉！

真德秀是不幸的，他 15 岁的时候，父亲便去世了。从此，少年真德秀失去了心中的一片天空，失去了背靠的一株大树。

然而，真德秀又是大幸的，因为，他有一位明大理、识大体、眼光远大的母亲。丈夫不幸离世，犹如晴天霹雳，苍茫人世，孤儿寡母，何以立足？何以生存？真母真的是一位了不起的女性，她并没有因为丈夫去世，家庭陷入困顿而放弃儿子的学业。真母深知，自古华山一条路，儿子要有出息，要出人头地，要光宗耀祖，那就必须继续学业，苦读入仕。否则，对不起儿子，百年后更无颜面对早逝的丈夫。

所以，真德秀的母亲，艰难地操劳家事，靠着帮人家缝衣洗裳，供养真德秀安心读书。正因为有了这样一位母亲，真德秀才得以完成学业，进士高中，功成名就。也正因为有了这样一位伟大的母亲，中国历史天空中，增添了一颗璀璨夺目的明星。

母恩大如天。对于母亲，真德秀终生感恩戴德，用他自己的话说，他与母亲“实为命相依”。当然，真德秀对母亲的孝顺，并不仅仅停留在语言上，更是日月经天、江河行地般落实在行动里。

真德秀每到一个地方任官，他都把母亲带在身边，嘘寒问暖，恭敬至极。母亲生病时，真德秀至为悲痛，到处请名医为母医治，并且每天仰望星辰、百拜祈祷。甚至还许下如下誓愿：

捐臣身之算，以延母氏之龄。

意思就是说，真德秀愿意用自己的寿命，来换取母亲的长命百岁。此情此孝，感天动地、惊泣鬼神。

每逢过年过节或母亲生日，真德秀都要撰写诗词文章，为母亲祈福、祈寿。母亲 74 岁生日时，真德秀写下《母夫人祈寿青词》，其中有语云：

冀延耆艾之龄，永享清温之奉。

真德秀真切盼望、祝愿母亲健康长寿，幸福绵延。

嘉定十三年（1220）六月，真母得病去世。刘克庄《西山真文忠公行状》记载了当时真德秀悲痛欲绝的景况。文中说：

及执丧，毁瘠柴立，侍妾尽遣去，给事左右惟老兵苍头。饮量旧无算，自此终身饮不过濡口。

意思是说，真德秀在其母丧事期间，由于过度悲伤，以至于造成身体消瘦，骨瘦如柴。

为了永记慈母深恩，为了永尽孝道，母亲去世之后，真德秀再也不放纵豪饮。但是，作为社会名人的真德秀，免不了时不时有若干社会朋友应酬，此后的真德秀终身饮酒一律点到为止、礼到为限，仅仅不过口唇沾湿而已。

从这一点而言，一方面，我们为真德秀一片至诚孝心所深深感动，另一方面，我们也被真德秀坚韧的毅力和近乎苛刻的律己行为所折服。一个人要成就一番大事业，如果没有像真德秀这么一种精神，那是绝对难以达到成功的彼岸的。

父亲真嵩虽然早逝，但是，真德秀对父亲的满怀深情陪伴他终生。在很多文章中，真德秀都有提到其父。真父是一个品德高洁之人，他不仅慈爱懂礼，并且从小就非常注重儿子的养成教育。真德秀后来功成名就，其实也离不开父亲从小的谆谆教诲。

真德秀父亲去世后，其墓地在西乡（今永兴镇）。真德秀家住在浦城的北乡仙阳，其间距离六七十里地，路途遥远，山道崎岖。但是，年少的真德秀仍不顾路远、路难，将其营葬于此，一片孝心，天地可鉴。

真德秀教子

可怜天下父母心。对于儿女，哪个不疼？谁人不爱？可是，人生间，有一个最朴素的道理——严爱是福，溺爱是害；正爱是福，歪爱是害。

而中国悠久的历史上，有许多父母，却是严爱、正爱的标杆典范。

《三字经》中说："昔孟母，择邻处。子不学，断机杼。"说的就是"孟母三迁"的故事。

孟子是战国时期的大学问家，他最先是住在墓地旁边，常和小伙伴玩办理丧事的游戏，学大人跪拜、哭叫的样子。孟母觉得那个地方不适合给孩子居住，于是就带着孟子搬到市集旁边去住。到了市集，孟子又和邻居家的小孩学起商人做生意的样子。一会儿鞠躬欢迎客人，一会儿和客人讨价还价。孟母还是觉得这样不好，于是又搬到了学校附近。孟子这才开始喜欢读书，变得守秩序、懂礼貌。这时候，孟母满意地说："这才是孩子适合居住的地方！"

有一回，孟子偷懒不学习，孟母就当着他的面划断了正在织的一匹布，说："学到一半就停下，和这块织了一半就断开的布有什么区别，还有什么用！"孟子听后，再也不偷懒了。

《三字经》还有"窦燕山，有义方，教五子，名俱扬"的名句，这说的是，宋代窦禹钧的五个儿子"五子登科"的故事。

五代后周时期，燕山府（今北京一带）有个叫窦禹钧的人，记取

祖训，教导儿子们仰慕圣贤，刻苦学习。结果，他的五个儿子都品学兼优，先后登科及第。窦禹钧本人也享受八十二岁高寿，无疾而终。当朝太师冯道还特地写了首诗予以夸赞：

燕山窦十郎，教子有义方。

灵椿一株老，丹桂五枝芳。

作为一个父亲，真德秀也和天下父亲一样，对儿子真志道极尽父爱。

不过，真德秀的父爱，具有真德秀之爱的鲜明特色。这从他为儿子改名、改字中便可一看究竟。

真志道，开禧三年（1207）出生，幼敏慧，真德秀对寄托厚望，为培养他倾尽心血，望能传承家学。真志道旧名则，字诚之，号一斋。嘉定十七年（1224），真德秀将其名改为仁夫，字志道。为什么要这样改呢？

真德秀为其子改名改字的意义，在他的《志道字说》表达得很清楚。真德秀说："志道"语出《论语·里仁》："士志于道。"

这说的是"志道"二字的来由。

真德秀还进一步解释说：

志于道，则义理为之主，而物欲不能移；志于利，则物欲为之主，而理义不能入。此尧桀舜跖之所由以异也，可不谨乎？兹吾所以名汝之意也。

真德秀希望儿子要学正道，行正道，担正道，切莫不要被世间横流的物欲蒙蔽了双眼，迷失了人生方向。

真德秀还说：

志道必贵于求仁，而求仁莫先乎克己，吾之所以字汝之意也。

这些话，包含了真德秀对儿子的衷心期盼和良苦用心。真德秀希望儿子要做一个明道理、求大德之伟丈夫。

这一年，真志道生日，真德秀送给儿子的生日礼物也相当奇特，不是金银财宝，而是一首题为《志道生日为诗勉之》的诗：

巍巍独山岳，屹立镇宇宙。

其体固而安，其形博而厚。

真德秀以高山为喻，从外形上讲，希望儿子要强身健体，要具有高山一般强壮的体魄；从内蕴上讲，希望儿子要修德养心，要具有高山一般宽广而博大的胸襟。总而言之，就是希望儿子，要做一个身体强健且有用于社会的人。

这一年，真志道将要外出任职，这次，真德秀送给儿子一床青氈，青氈就是羊毛织成的毯子。同时，还送了一首题为《以青毡与志道》的诗：

要识夜眠处，当如亲膝前。

清温供子职，清白保家传。

意思是说，你每天晚上盖上这床毯子的时候，就如有父母在你身旁一般，你要感受到父母给予你的关心、关爱。另外，现在，你走上为官之路了，无论你身在何处，也不管你以后官任何职，希望你一定清廉供职，一定要做到一身正气，两袖清风，一定要把我们真家清清白白的家风保持下去，并发扬光大。

还有一次，也很意思，真德秀送给儿子一件礼物，什么礼物呢？一床楮衾。

楮者，楮树也，树皮可以造纸。衾者，被子也。楮衾，就是楮树皮造成的纸所制成的被子，也就是一床纸做的被子。按照这种意思来理解，这种被子，应当是贫寒人家所使用之物件。依据真德秀当时的社会地位和经济状况，他送这么一床纸被子给儿子，主要目的不是为了御寒取暖，而是另有深意在其中。

那么，真德秀为什么要送这么一床被子给儿子呢？在《楮衾铭》中，真德秀作了阐述。真德秀是这样说的：楮作纸，可以传播圣贤知识。巧者把它制成被子，在“朔风怒号，大雪如席”之夜，盖上楮衾，亦可使之安眠。百姓终年劳作，买不起昂贵布被，没有这楮衾，穷苦的人会冻死。

实际上，真德秀是想通过这么一床楮树皮纸做的被子，告诫儿子——时刻不能忘记老百姓的疾苦，时刻要把老百姓记挂在心中，老百姓是我们的衣食父母。

在《楮衾铭》中，真德秀还说，楮衾有“四德”：

盎兮春温，皓兮雪白。廉于自鬻，乐于燠贫。

同时，他还要求儿子要将这床纸做的被子“偕之终身，将传之千万子孙”。

读到这里，我们不得不为真德秀以物教子、教子有方而重重点赞——实际上，真德秀是用这床纸做的被子，赞誉为人之崇高品德：送人温暖，清白做人，廉于自律，勤俭处世。他还要求儿子要将这崇高品德当成真家的“传家宝”，传之后代，永不忘本。

真德秀大爱感恩

一

真德秀“过目成诵，七岁能文”，是一个不折不扣的天才。况且，真德秀并没有一味地吃天才之老本，他争分夺秒，惜时如金，如饥似渴地扑在刻苦攻读上，付出了比一般人更为艰辛的努力。按常理而论，这样的人，考一个进士是用不着二进考场的。但是，磨难是一个人成长的必过之关，真德秀还就是经过了二进考场的人生磨难。

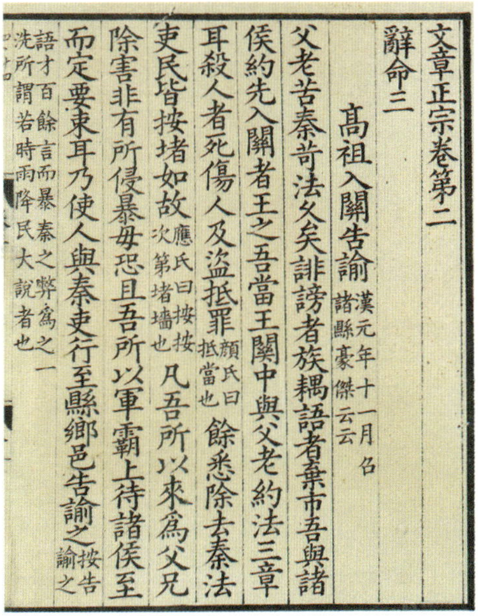
文章正宗卷第二
辭命三
高祖入關告諭 漢元年十一月名諸縣豪傑云云
父老苦秦苛法久矣誹謗者族耦語者棄市吾與諸
侯約先入關者王之吾當王關中與父老約法三章
耳殺人者死傷人及盜抵罪 顏氏曰抵當也 餘悉除去秦法
吏民皆按堵如故 應氏曰按按次第堵墻也 凡吾所以來爲父兄
除害非有所侵暴毋恐且吾所以軍霸上待諸侯至
而定要束耳乃使人與秦吏行至縣鄉邑告諭之 按告諭之
語才百餘言而暴秦之弊爲之一
洗所謂若時雨降民大說者也

真德秀为什么第一次考试落第而归呢？这当然是有原因的。

宋宁宗庆元二年（1196），19 岁的真德秀第一次走进戒备深严的考场，不曾想，意外却发生了。由于旅途劳顿，匆忙赶路上阵，此时的真德秀早已筋疲力尽了。一早开考，所考之题，对于真德秀来说，答案虽然是早已了然于胸。可是，真德秀刚拿起

笔准备答题时，却虚汗直冒，浑身无力，眼冒金星，一时昏倒在地……

真德秀自己曾回忆过第一次科考的事情。他说：

忆余初贡于乡，家甚贫，辛苦经营才得钱万，囊衣笈书，疾走不敢停，至都则已惫矣。

也就是说，当年家庭贫困，经济拮据，真德秀赴京赶考，全靠一双脚板，数百上千里路程，风餐露宿，披星戴月，并且伙食也不好，粗茶淡饭，营养不足，还要扛行李背书籍，等到了京城的时候，已是身心俱疲，所以名落孙山了。

没考上进士，对于真德秀来说自然是一个不小的打击，但是，真德秀当然不是一个轻易被失败击垮的人。回家后，他更加奋发努力，学业也更为精进。

三年后，也就是庆元五年（1199）夏天，22岁的真德秀，再度踏上进京赶考的旅程，如愿高中。

真德秀高中进士，除了他自身因素之外，还有一个重要条件，那就是他得到众乡亲的无私帮助。

在浦城，乡人们有个“过省会”的好风俗，所谓的“过省会”，就是谁家中有读书人进京赶考时没钱，只要有人提议，乡邻们就会聚到他的家中，自愿捐钱资助。

乡亲们听到真德秀一考落第的消息后，无不为之深深惋惜。因为大家都知道，真德秀父亲早逝，全靠慈母艰难操持家业，而真德秀又天资聪颖且勤奋过人。所以，当听到真德秀将再次跨上赶考征程的时候，乡亲们立即纷纷伸出热情之手捐助。正因为有了大家的帮助，真德秀才圆满实现了自己的理想。从此，步入仕途，走上了一条为国为民、光耀千秋的人生道路。

对于这次人生经历，真德秀没齿不忘，终生永记。真德秀在《万桂社规约序》中说：

比再举，乡人乃有为所谓“过省会”者，始舍徒而车，得以全其力于三日之试，遂中选焉。

真德秀满怀深情地回忆，这次赶考，因为有了大家的帮助，才得以提早动身，还能雇个书童挑书担，雇辆马车乘坐，条件比上次好了许多，高中科举的信心也就更足了。

二

真德秀的知恩图报，不仅仅体现在温暖的文字记载中，更体现在他的实际行动上。

宋嘉定十三年（1220）六月，真德秀母亲去世，他丁忧回乡后，开始建设“西山精舍”，第二年，西山精舍建成后，在一个春光明媚的日子里，不忘乡亲深恩并且向来尊敬长辈的真德秀，特地邀请了乡里受人尊敬的十三位长者相会于西山精舍。真德秀还当场写下一首诗，表达感激之情和尊敬之意。在诗中，真德秀说，老年人，无论是在朝为官还是乡间为民，都是国家的珍宝。今天，我借一杯薄酒，向你们这些长辈表示谢意和敬意，希望你们健康长寿、永享天伦。

据史料记载，真德秀到江东任地方官后，每逢科举考试，他都要捐钱 20 万，帮助那些像他当年一样家境贫寒而又刻苦上进的学子。真德秀这样做的目的，一方面是为了不忘本，永远铭记乡亲们的恩德；另一方面，真德秀是一个有着大爱之心的人，他也是为了让更多的有才之人、有志之士，在他的帮助下，能够脱颖而出，建功立业，为国出力，为民造福。

三

在真德秀的成长过程中，有一个人对于真德秀有着知遇之情、栽培大恩，这个人就是真德秀的岳父杨圭。

把杨圭称之为真德秀的第一个伯乐，这应该是不过分的。当年的杨圭，他看见真德秀母亲在无比艰辛的条件下，为了培养儿子成才，无怨无悔，日夜操劳。同时，他又看见真德秀少年聪慧，学习刻苦，因此，独具慧眼的他，断定真德秀必定是一个可造之才，这样的人将来一定是可以光宗耀祖的。所以，杨圭做出了一个十分明智的决定——带着真德秀回家和自己的孩子一起学习。这样一来，便为真德秀创造提供了一个较好的学习环境，也为真德秀成长、成才奠定了坚实的基础。再后来，真德秀像一棵小树，沐浴着阳光雨露，脚踏实地，一步一个脚印，茁壮成长，杨圭更是看在眼里，喜上眉梢。于是，杨圭又做出了一个眼光远大的决定——把女儿嫁给了真德秀。

对于杨圭的知遇之恩，真德秀始终牢记在心，他敬重杨圭，与之恩义甚笃，他一生中与杨圭都维系了一个相当亲密的关系。《西山文集》中便有多篇为其岳父祈福、祝寿之文。

有一个叫倪思的人，也是真德秀的恩师。

倪思（1147—1220），字正甫，湖州归安（今浙江省湖州市）人，宋代学者、官吏。南宋乾道二年（1166）进士，中博学宏词科。其博学多才，著有《齐山甲乙稿》《兼山集》《经锄堂杂志》。

历孝宗、光宗、宁宗三朝，曾任兵部尚书、礼部尚书等职。主张抗金，反对求和，以直谏著称。曾斥韩侂胄而被革职，后重新起用。嘉定二年（1209），被史弥远两次罢官。直到临死，还上疏朝廷，陈述政治主张，卒后谥“文节”。

真德秀刚踏上官场时，曾在南剑州任职，此时，真德秀曾多次向倪思请教。倪思看见这个年轻人，虽然进士高中、入仕为官了，但是仍然如此虚心好学，自然留下了一个良好的印象。后来，通过接触交谈，倪思发现，真德秀胸怀博大，志向高远，必定前程无量。所以，倪思不仅经常将自己珍贵的藏书借给真德秀看，还将自己的满腹学问和丰富的为官经验，向真德秀倾囊相授。

真德秀对倪思的悉心教导和潜心扶持，始终刻骨铭心，感恩戴德。倪思去世后，真德秀哀痛地写了《祭倪尚书文》，深深表达了他对倪思的感激和哀悼之情。绍定六年（1233）十二月十四日，泉州重建倪思祠堂竣工，真德秀特地写了《重建太守倪公祠记》，历数倪思的业绩之外，又一次回忆倪思对他的教诲，可谓情真意切。

四

古语云：物有不可忘，或有不可不忘。夫人有德于公子，公子不可忘；公子有德于人，愿公子忘之也。

是的，大千世界，人事纷纭，有的人和事可以忘记，有的人和事不可以忘记。那么，哪些可以忘？哪些不能忘呢？他人对你有恩，永生不能忘；你对他人有恩，应该尽快忘掉。

唐代诗人陈润有一首《阙题》诗，写得特别好：

丈夫不感恩，感恩宁有泪。

心头感恩血，一滴染天地。

生动感人的诗句，不仅令人记忆深刻，同时也给人以心灵的警醒和情感的滋润。

没有前人挖井，哪有后人畅饮清洌甘泉？所以，我们吃水不能忘

了挖井人。

没有前人栽树，哪有后人绿阴一片乘清凉？所以，我们乘凉不能忘了栽树人。

没有老师精心培养，哪有学生学业有成？所以，我们应“借得大江千斛水，研为翰墨颂师恩”。

真德秀实在是一个值得我们敬仰之历史先贤，无论是对乡亲，对岳父，还是对恩师，感恩之心永远在他心中扎根，感恩之情永远在他心中荡漾。

真德秀与詹体仁

一

浦城是一个闽北山区小城，然而，就这样一个不显山不露水的山城，却曾经诞生出数个成语典故，这不得不令人拍案称奇。

首当其冲的当属“梦笔生花”，这是南朝大文豪江淹在浦城当县令时，夜宿梦笔山，梦中得神人赠五彩笔所留传下来的千古传奇。与之成为上下篇的“江郎才尽”也为众多世人所熟知。

摸钟辨盗，宋代时，著名理学家陈襄曾在浦城任主簿并摄县事，他通过一口铜钟破了一起盗窃案。

春色满园，红杏出墙，则出自宋代浦城人叶绍翁名诗《游园不值》中的诗句：“春色满园关不住，一枝红杏出墙来。”

不过，有一个成语，知道的人可能就不太多了，其实它也诞生于浦城，它就是“融会通浃”。

融会通浃，指的是把各方面的知识和道理融化汇合，得到全面透彻的理解。出自宋朝叶适《司农卿湖广总领詹公墓志铭》：“已而遍观诸书，博求百家，融会通浃，天文地理、象数异书，无不该极。”

詹公为何人？这位詹公，就是浦城人詹体仁。

这位詹体仁，在中国历史上也是占据一席之地的。《宋史·詹体仁传》载：“体仁颖迈特立，博极群书。少从朱熹学，以存诚慎独为主。为文明畅，悉根诸理。”

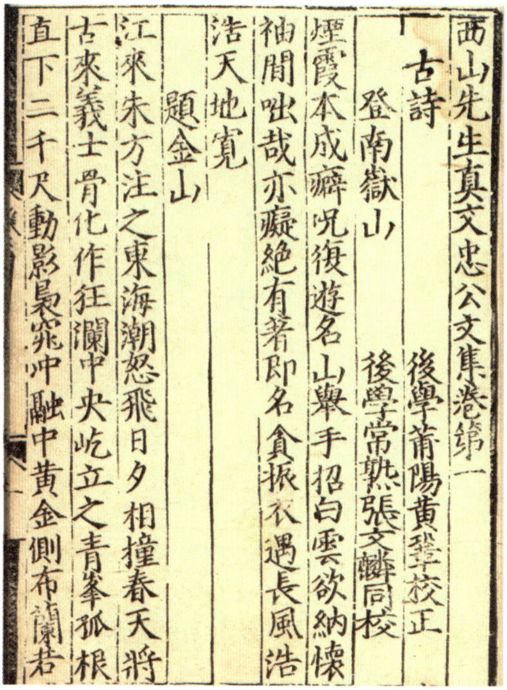
西山先生真文忠公文集卷第一
古詩　後學莆陽黄鞏校正
登南嶽山　後學常熟張文麟同校
煙霞本成癖况復遊名山舉手招白雲欲納懐
袖間咄哉亦癡絶有著即名貪振衣遇長風浩
浩天地寬
題金山
江來朱方注之東海潮怒飛日夕相撞舂天將
古來義士骨化作狂瀾中央屹立之青峯孤根
直下二千尺動影梟窕沖融中黄金側布蘭若

詹体仁是朱熹的学生。

约乾道初，詹体仁就到崇安五夫里问学朱熹。乾道六年（1170），朱熹在建阳建寒泉精舍，詹体仁也从学建阳。朱熹成书于乾道八年的《资治通鉴纲目》一书，其中有部分即出自詹体仁之手。淳熙二年（1175），朱熹、吕祖谦由寒泉精舍赴江西鹅湖之会，詹体仁也是随从之一。

鹅湖之会——南宋淳熙二年在信州（今江西上饶市铅山县鹅湖镇）鹅湖寺举行的一次著名的哲学辩论会。由吕祖谦邀集，是朱熹的客观唯心主义和陆九渊的主观唯心主义的一场争论，它是中国哲学史上一次堪称典范的学术讨论会。

二

詹体仁是真德秀的老师。

孙先英著、上海人民出版社出版的《真德秀学术思想研究》一书有这样的记载：

把真德秀领入朱门的是同乡詹体仁，拜师时间应当在中进士之后，地点应在浦城老家。此时詹体仁闲居在家。

从这一点而言，詹体仁是一位历史地位很特殊的人物，他上承朱熹，下传真德秀，起着承上启下的作用。

《宋史·詹体仁传》记载：

郡人真德秀早从其游，尝问居官莅民之法，体仁曰：‘尽心、平心而已，尽心则无愧，平心则无偏。’世服其确论云。

这段话的意思是说，詹体仁的同乡真德秀，早年曾跟随他学习、游历，曾向他咨询为官治民之法，詹体仁告诉真德秀说：“尽心、平心罢了。尽心去做事情，心中就没有愧疚之事；平常心去对待事物，心里就不会有偏私。”世上的人都十分佩服他正确的议论。

詹体仁把真德秀领进朱门，虽然，詹体仁在真德秀 29 岁的时候便去世了，但是，真德秀一生在仕途上，始终牢记恩师教诲，为官清廉正直，爱民勤政。

詹体仁去世后，真德秀为老师写了一篇《司农卿湖广总领詹公行状》。真德秀这样写到：

自擢第归，即从故侍讲朱先生游，讲质疑义。其学以存诚慎独为主，造次弗渝，常患世儒论经，多失本旨。……为文若不经意，而明白畅达，根于理致。雕锼刓劂之语，一不出诸口。神识恬畅，喜论说古今，遇佳士良友，穷日夜语不厌，听者忘疲。

这段文字中，真德秀深情回忆了其师詹体仁的从学朱熹经历，赞颂了詹体仁的博学多才。同时，詹体仁言传身教，在居官莅民之方法及道德、学术等方面，都对真德秀的一生产生重大而深远的影响。

此外，真德秀还撰写了《祭詹大卿文》，在文中，真德秀深情回忆：

若某之不才，顾何足以语上，而公独以为可教，每更以留连忆初筮

之别。公欲临分之赠言曰："尽心则无愧，平心则无偏。"盖拳拳服膺，不敢失坠者。

这段文字中，对于詹体仁的谆谆教诲，真德秀更是深表感恩。可以说，尽心则无愧，平心则无偏，对于真德秀来说，已经成为他的座右铭。正如他自己说的那样，时刻也不敢忘记。

真德秀与刘克庄

一

刘克庄（1187—1269）和真德秀相遇，和宋慈一样，缘于太学。不同的是，从此以后，刘克庄跟随真德秀时间更长，而真德秀对他的欣赏和倚重也更凸显。

刘克庄考入太学学习，早已听闻真德秀大名的他，立即前往拜访。刘家为传统的理学世家，其祖父刘夙为理学家莆田林光朝的弟子。其父刘弥对理学崇尚备至，尤其称颂朱熹集理学大成之功。真德秀因之称“世以正学传其家”。由于有共同的信仰，二人相聚颇欢。

而刘克庄正式入真德秀师门，却是在20年后的宝庆元年（1225）。为什么这样说？因为，在太学，真德秀是老师，刘克庄是学生，这是一种纯粹的师生关系。而要正式拜师入门，这应当是一种很个人的行

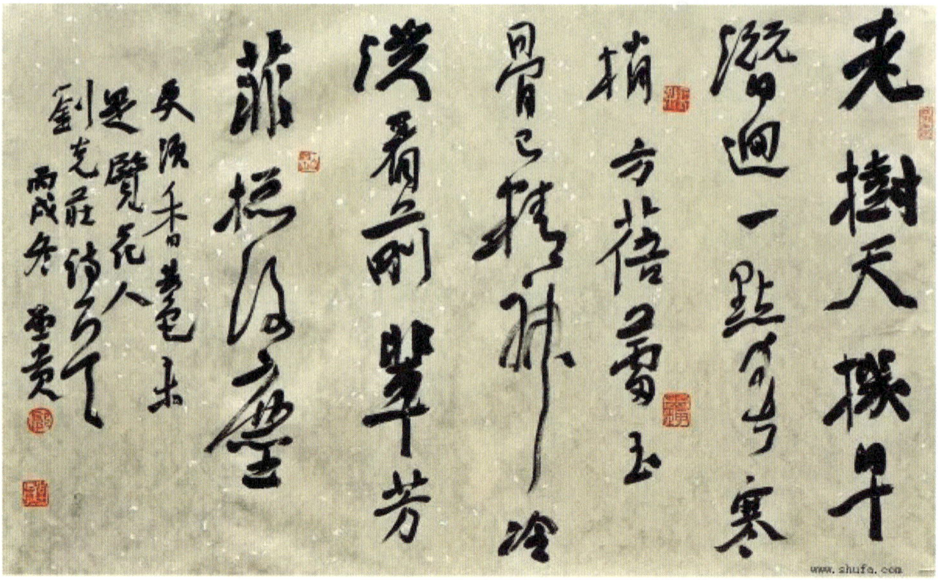

为，是一种情投意合与惺惺相惜。

宝庆元年（1225）八月，真德秀遭奸臣排挤，回家乡浦城闲居。当时，刘克庄在建阳当县令，建阳和浦城为邻县，相隔不远。听到真德秀回家乡后，刘克庄非常高兴，在公务之余，专门抽出时间跑到浦城，拜师求学。用他自己的话说是：

公以师事，自此学问益新奖。

也就是说向真德秀行拜师之礼，经常到浦城或通过书信方式向老师求教，从此以后，刘克庄的学问日益精进。

二

在真德秀众多弟子中，刘克庄跟随的时间最长，也颇得真德秀的赏识和信任。

嘉定十七年（1224）九月十六日，朝廷下旨，召真德秀到朝廷任

职，为中书舍人兼侍读。中书舍人负责为皇帝草拟制诰，正四品官阶，真德秀由从四品升为正四品了。侍读，是兼官，侍从皇帝读书。九月十九日，朝廷又下诏，任真德秀为礼部侍朗兼直学士院、兼侍读。礼部侍郎为从三品，真德秀又升了一级。

前去上任前，真德秀给刘克庄写了一封信，刘克庄在回信中写到：

愿公无改初节，益进昌言，以答天下之望。

刘克庄为什么要这么说呢？因为，朝廷虽然给真德秀升官，可是，真德秀出于多方面原因的考虑，一再推辞。所以，刘克庄才会说，我恳切地希望老师您不要改变您的初衷使命，不要让天下的老百姓失望呀。

从这几句话来看，真德秀和刘克庄的关系的确不同一般，除了师生之情，还有浓浓的朋友之谊。

宝庆二年（1226），梦笔山房建成后，真德秀每天与门人刘克庄、汤汉、徐华老等续编《读书记》。刘克庄《真公行状》载：

公自退居，究心此书，博览精思，手抄日数千言，丛稿如山。

真德秀对刘克庄文学才华十分肯定。绍定元年（1228），真德秀将《文章正宗》诗歌一门，交给刘克庄编纂。

端平元年（1234），真德秀帅闽，召刘克庄入幕府，为将作监兼福建帅司参议官。真德秀任户部尚书时，刘克庄随同任将作监主簿，后改任宗正寺主簿，真德秀许多文书，都由刘克庄代拟。

端平二年（1235）五月初二，真德秀病危，刘克庄和真德秀的儿子真志道以及其他在京的一些学生，围在他的身旁，真德秀嘱托刘克庄撰写《代西山上遗表》一文（遗表，古代大臣临终前所写的章表，于卒后上奏），当时真德秀“门人诸资俱在，独以遗表属公”，足见其对刘克庄的器重。

这天晚上，真德秀与世长辞。

宋理宗看了刘克庄为真德秀代写的遗表，十分震惊，无比哀痛，下旨士大夫无论亲疏远近都去吊唁。

三

真德秀去世后，由刘克庄撰写行状。

何为“行状”？行状，称“状”，以后称之“行状”或“行述”（也谓之“事略”），叙述死者世系、生平、事迹的文章，常由死者门生故吏或亲友撰述，留作撰写墓志或史官提供立传的依据。

由刘克庄撰写行状，应该有几个原因，一是在诸多门生中，刘克庄与真德秀交往多、私情深；二是刘克庄是大文豪，文笔好；三是刘克庄主动请缨，以表达对老师的深切哀悼。

刘克庄撰写的《西山真文忠公行状》，是了解真德秀生平事迹的重要历史文献，正因为刘克庄深得真德秀垂青，拜入真德秀师门，并且跟随真德秀时间最长，所以，这份行状，真实性、可信度都很高，文中所记载的历史事件也均是有依有据，可以说，为真德秀载入史册，提供了最为翔实的史料佐证。

例如真德秀在泉州剿灭海盗王子清、赵郎一事，行状中就有详尽的记述：

海贼王子清、赵郎以十八艘横侵，劫晋江悬围头湾，距州仅百馀里。公调左军捕逐，拨发官王大寿力战无援，与队将秦淮等六人死之。公为文以祭，且请赠与于朝，出宿中和堂，讨贼弥厉。或言沿江诸港澳民兵可用，而同安管下烈屿其尤也。公议选官劝谕，寓客宝谟储公用自请行，得民兵四百，舟三十二，无官军犄角，并授之簿，俟处厚曰：官民一体，

有功并论。逆贼至漳浦境内渺洶洋，败之，获大舟四，贼首六，赵郎者在焉，子清逸去。诛群贼于教场，设王大寿位，今其子剖心以祭，磔者三人，诛死二十馀人，胁从者破械纵去。赵郎自称直徽猷合子游孙希郄也，毙于狱。子清寻为台州杜门巡检所擒，诏以获贼功增一秩。

刘克庄对老师的感情可谓是情深似海，他不仅为真德秀写了行状，还写了《祭真西山夫子文》，文中的语句感人至深，如“谓天有意，一老不遗。太平之望，竟复何期”等。

四

名师出高徒，刘克庄是真德秀名副其实的高徒。

刘克庄，初名灼，字潜夫，号后村，莆田（今属福建）人。南宋豪放派词人、江湖诗派诗人、文章家、诗论家。他初为靖安主薄，后长期游幕于江、浙、闽、广等地。淳祐六年，赐同进士出身，官至龙图阁学士。其诗属豪放派，作品数量丰富，内容开阔，多言谈时政，反应民生之作。他刚介耿直，不畏强权，敢于犯颜直谏，具有一颗忧国虑民、忠君爱国之心。

朱熹，世称“朱文公”，这个称号和刘克庄有关系。

嘉定元年（1208），宋宁宗以南宋理学家朱熹所倡导的理学“有德于朝”，要给朱熹特赐谥号，令太常寺讨论拟定谥号。当时太常寺议定的谥号为复字“文忠”。

初入仕途的刘克庄认为朱熹功在著书立说，宣扬理学，给朱熹定复谥“文忠”并不符合行为实际，应当予以复议。于是，他为时任吏部员外郎的父亲刘弥正代拟了一篇《侍讲朱公覆谥议》上奏，建议只要赐谥号“文”就足矣。刘克庄从孔孟儒学发展的全过程，肯定了韩愈领导的古文运动对复兴儒学和发展程朱理学起到的重要作用。而朱熹晚年校勘整理韩愈文集，对后世的影响很大。因此他建议以韩愈的谥号“文”给朱熹定谥号。他认为这样既简明而又实在，符合朱熹对理学发展作出的贡献。宋宁宗最终力排众议采纳了刘克庄的意见，于嘉定二年（1209）特赐朱熹谥号为“文”。

世称朱熹为“朱文公”，由此而来。

真德秀与叶绍翁

一

真德秀和叶绍翁是老乡，同为福建浦城人；并且，两人交往颇多，交情很好。

叶绍翁，本姓李，祖父叫李颖士。浦城富岭殿下村人，年少时随母徙居浙江龙泉后改姓叶。据叶绍翁《高宗六飞航海》记载：

本生祖（指李颖士）其先为光州固始人，徙居建之浦城。

叶绍翁在《四朝闻见录》中有一篇题为《浦城乡校芝草之瑞》之文，文中载：

庆元间，予为儿时，父兄常携入乡校，观大成殿第二第三级有芝二本，甚异。

这几句话说得十分清楚明白，少年时的叶绍翁曾在浦城的乡校上过学，在这里接受启蒙教育。

说起来，叶绍翁也是生于官宦之家，后来，由于历史原因，家庭变故，过继给他人做儿子。

关于叶绍翁的家世，福建人民出版社出版发行的《浦城姓氏文化》一书中，有大致的记述：

李颖士，字茂实，李充子，据富岭宋安人丁氏墓志铭称茂实为其祖父。政和五年（1115）进士，补建昌教授，迁处州刑曹，转余干县丞，改宣教郎，知余姚县。建炎三年，高宗自越州将往明州，颖士密为之备具供账以等待。未几，驾果至，舟楫糗粮无不立办。十二月，金兵渡钱塘江，追上于明州，颖士急募乡兵数千，列旗帜以拒之。贼既不知地势，又不测兵之多寡，为之小却，徬徨不敢进者一昼夜，由是驾得自定海登舟。事平，迁两官，擢越州通判，召为大理寺丞。在寺六年，平反疑狱以百数，升刑部郎中。坐赵鼎党，谪监慈利县酒税。闻命即行，起江西帅司参议，未赴，卒。

子绍翁，字嗣宗，迁浙之龙泉县，改姓叶氏，遂为龙泉人。绍翁从学真德秀，故以朱子学为正宗。在朝为官时著有《四朝闻见录》五卷，书中多处颂扬朱子学。还著有《靖逸集》，他更擅长七绝，所作《游园不值》脍炙人口，其中诗句“春色满园关不住，一枝红杏出墙来”闻名于世。

文中的“坐赵鼎党，谪监慈利县酒税。”一句，就是说，叶绍翁的祖父李颖士，因为受到赵鼎的牵连，而遭到贬谪，从此家道中落。

赵鼎（1085—1147），南宋初年政治家、文学家、宰相。赵鼎曾两度拜相，主张养民力、稳根基。为政期间，运筹帷幄，力挽狂澜，为巩固南宋根基贡献甚大。被称为南宋中兴贤相之首，与李纲、胡铨、李光并称为“南宋四名臣”。后来，受到秦桧陷害，绝食而逝。

二

那么，真德秀与叶绍翁有些什么人生交际呢？

在这方面，能找得到的史料很有限，有一则资料是这样记载的：

南宋诗人叶绍翁在自己的故乡龙泉西街岩后村度过幸福的青少年时光后，便赴京城杭州打拼，他通过少时朋友真德秀的关系，得了一个在朝廷抄抄写写的差事，那时的真德秀已功高盖世，成了一代“帝师”，叶绍翁有了这层关系，为他日后撰写《四朝闻见录》提供了方便。

以上资料表明，当年的真德秀曾经为叶绍翁介绍过工作，是一个对叶绍翁有恩之人。叶绍翁的才华举世瞩目，真德秀只不过是因人施用，因人荐职。

《四朝闻见录》是一部撰写的史料笔记，分为甲、乙、丙、丁、戊五集，凡二百零九条，记载南宋高宗、孝宗、光宗、宁宗四朝事迹，所记多为作者亲历或耳闻。笔记形式活泼，内容广泛，并且大都是亲见亲闻，具有很高的史料价值，多年来颇受读者欢迎。

叶绍翁在《四朝闻见录》丙集《二元》条载，真德秀最初的字是“实夫”。他是这样记叙的：

文忠（真德秀谥文忠）始于举子，命子之义非得于师友，故始字曰“实夫”。后乡曲有轻薄子曰：“只恐秀而不实。”故易曰“景元”。

有专家分析认为，真德秀改字为“景元”，是因为他十分景仰一位叫“元德秀”的历史先贤。

元德秀（约695—约754），字紫芝，唐朝河南（今河南洛阳市）人。年轻时就死了父亲，对母亲十分孝顺。参加进士考试时，他不忍心离开母亲左右，就背着母亲进了京城。考中进士后，母亲去世，他在母亲的坟墓旁边建一间茅棚日夜守护。没有来得及在母亲健在时娶妻，他就不肯结婚。任鲁山县令时，有个小偷被关押在牢里，当地正碰上老虎作恶，小偷请求打虎赎身，元德秀答应了他。有个官吏对他说：“那是小偷的诡计，将来他逃走了，你不是要受到牵累吗？”元德秀说：“我已经答应了他，不能背弃约定。如果有牵累，我当承担罪责，不牵连到别人。”

第二天，小偷带着老虎的尸体回来了，全县的人都为此而感叹。元德秀去世，家里只有枕头、鞋子、竹盆和舀水的瓢一类东西。族弟元结哭丧时极度悲哀，有人说：“你哭得过于悲哀，符合礼节吗？”元结说：“你只知道礼节过分，却不知是情感真挚。人们感情上所沉溺、喜爱的事物，他从来没有。他活着的六十年中不曾正视锦绣，不曾谋求富足、苟且言辞、贪恋女色，未曾有十亩大的土地，十多尺长的房子和十来岁的僮仆，也未曾用完整的布做衣服穿，用多种调料做饭吃。我哀悼他，是用来告诫那些荒淫贪佞之徒和纨绔子弟呀！”

另外，据《四朝闻见录》甲集《考亭》条和丙集《二元》条载：某日，楼钥问真德秀，为什么字为景元，真德秀讲述了他是仰慕元德秀的为人而取景元的。楼钥从训诂角度，向真德秀指出，从《诗》的词句意义来说，景元是不通的。他取出《毛诗》“高山仰止、景行行止”的注文给真德秀看。说“景”的字义是明，诗人以“明行”对“高山”，“景”字不可解释为“慕”，故将真德秀的字改为“希元”。但是，当时人称景元已久，没人称真德秀为希元。

三

叶绍翁曾写过一首诗给真德秀，通过这首诗，我们也可以看出，他跟真德秀的关系是很密切的，他把真德秀视为挚友，他可以向真德秀发发牢骚，也可以向真德秀谈谈自己的处境，还可以向真德秀倾诉一腔对家乡的怀念之情。

这首诗为《九日呈真直院》：

秋风吹客客思家，破帽从渠自在斜。

肠断故山归未得，借人篱落种黄花。

叶绍翁一生只做过小官，而后长期隐居。可见他对官场是何等的厌倦，对自由又是何等的向往。这首诗即饱含了对官场的厌倦之情。

九日，即重阳佳节，直院，宋代官名，指入翰林学士院而未授予学士职者。“真直院”就是作者的好朋友真德秀。

“每逢佳节倍思亲”，重阳佳节，秋风骤起，作者涌起浓烈的思乡之情。这是第一层含义。重阳登高，与友聚饮，乃是文人乐事，但是作者却无意于此，所以他说“破帽从渠自在斜”。“破帽”，暗示作者生活清贫，风吹衣冠，任它随意倾斜，这既写出了他的失意，也写出他的疏狂。

“孟嘉落帽”是古人写重阳节常用的典故，表示文人（孟嘉）洒脱狂放，连帽子掉落都不自知。而作者却反用其意，既写出自己的潇洒旷达，又暗含寥落孤寂之意。因秋风而思乡，因思乡而无意饮酒，故而强装洒脱。

作者渴望回到家乡，用了“肠断”二字，可见思乡情之浓烈，而“归未得”又写出他身居小官，不得自由的无奈。故而他只好“借人

篱落种黄花”。一个“借”字，写出他的寒酸和对当下生活的不满。为何要“种黄花”呢？黄花即菊花，这里很明显用了陶渊明“东篱种菊”的典故，他渴望像陶渊明一样“不为五斗米折腰”而决意退隐江湖。

因此，这首诗中所谓的“思乡”，其实是对官场的厌倦之情，他渴望自由，渴望“采菊东篱下，悠然见南山”。但是，屈居下僚，琐事缠身，只有借“种菊”来发泄一下内心的郁闷之情。

这首诗，紧扣“重阳节”，写秋风、写落帽、写采菊，写思乡之情，而其中充溢的却是对隐逸生活的向往，和对屈居下僚的不满之情。故作潇洒中蕴含着无奈，身居小官却向往隐居，是这首诗蕴含的深意。

四

在《四朝闻见录》中，叶绍翁曾多处写到真德秀，从中给我们了解真德秀提供了许多珍贵的史料依据，同时，也足以证明真德秀与叶绍翁二人间，交往甚多，交情甚深，交谈甚欢，不然，叶绍翁如何能够呈现出真德秀那么丰富的人生生平？

尽管关于真德秀和叶绍翁交往的历史资料能找到的不多，但是，通过有限的一些零碎的片断记载，我们仍然能感受到二人之间乡情的浓厚，友情的真挚。从中，我们也可以看出——真德秀不单单是只会读书立说、只会当官为民、只为钻研理学之人，或者说，真德秀也不是成天到晚都板着脸的，他和朋友在一起的时候，也一定是兴高采烈，聊到高兴处，也许也会手舞足蹈，甚至说上几句开玩笑的、无伤大雅的粗话；喝到尽兴时，也许也会挽起袖子，高声划拳……

由此我们不难得出一个结论——真德秀重情重义，他的老乡情、朋友谊，情真意切，天长地久。

真德秀情系乡梓

一

喝南浦溪水成长的真德秀，对于家乡浦城，同样怀着一种深深的感情，浓浓的乡愁。

宋嘉定十三年（1220）六月，真德秀母亲去世，他丁忧回乡后，开始建设“西山精舍”，第二年，西山精舍建成后，在一个春光明媚的日子里，向来尊敬长辈的真德秀，邀请乡里尊老13人会于西山精舍。他还当场写下一首诗：

耆年自是国之珍，何间衣冠与隐沦。

华发共成千一岁，清樽相对十三人。

休谈洛社遗风旧，且颂仙游庆事新。

三径未荒宜早退，要将寿栎伴庄椿。

这首诗原题目相当长：《壬午春社之明日请尊老会于西山之精舍庞眉皓首奕奕相照真吾邦希阔之盛事辄成口号一首并呈诸耆寿且坚异日早退之约云》。

原题中有二个关键词，一是“请尊老”，二是“早退”，通过这二个关键词，可以帮助我们理解此诗的二层主要意思，第一，表达了真德秀对家乡父老的敬重。他说，老年人，无论你从事何种工作，都

是国家的珍宝，都值得我们大家尊重。第二，表明了真德秀当时的心迹。三径，就是三条小路之意，代指高士隐居之所，此处指不问世事，归隐林泉之意。“寿栎”和“庄椿”都有代指长寿年长之意。真德秀说，回到家乡，和你们这些长辈在一起，我感到无比开心快乐。我希望早点退出官场，陪伴你们，和你们一同享受乡间的清风明月。

真德秀是一个大孝子，这首诗中，应该还隐藏着另外一层意思——母亲去世了，他愿意从此留在家乡，永远陪同在母亲身旁，永尽孝道。

嘉定十四年（1221），浦城遭酷旱，真德秀心如火燎。五月，他登上故乡的仙游山顶，向天祷告祈雨，恭读《仙游山顶祈雨祝文》，这篇祝文很是恳切，且写得精彩，不妨引几句欣赏。

他首先说：

天以雨旸之权柄付之山川百灵，犹人君以刑政之事付给牧伯守宰也，民有戚嗟愁叹之未伸，牧伯守宰不得而专者，当同心以请于朝廷，然后民瘼可蠲。岁有旱干水溢之不时，山川百灵不得而专者，当同心以请于上穹，然后灾变可息。

几年后，真德秀又回到家乡，这次是因为遭到权臣打击排挤，回乡赋闲。

虽然说是回乡赋闲，但是真德秀毕竟曾是身居高位的朝廷命官，仍然具有相当的影响力和感召力。所以，县一级的官员都曾纷纷前来拜访、讨教，真德秀也和他们交往频繁，保持着一种较为密切的关系。

真德秀是一个平易近人之人，更是一个注重官德政绩之人，与他关系密切的官员中，他首先看重的就是能否为民办实事，能否为浦城造福。

知县宋植也是一位亲敬理学之人。这天，他得到消息，朱熹的学生包逊到浦城拜访真德秀。宋植很高兴，立即来到真德秀家里，诚恳邀请包逊到县学讲课。盛情难却之下，包逊答应了。第二天，宋植组织了 100 多县学的学生听包逊授课，宋植自己也毕恭毕敬地坐在下面听讲。

南浦桥是浦城县城关横跨南浦溪的长虹。宋隆兴元年（1163）县令上官端仪（福建邵武人）捐资兴建。初名南桥，又名上官桥。至宝庆间，桥已毁坏，严重影响了百姓的出行。

这一年，宋植举行重修。绍定元年（1228）五月二十七日，南浦新桥修成。看到宋植真心实意为民办好事，真德秀无比欣慰，特作《新桥行》一诗以贺，既向宋植祝贺，更为民庆幸。他喜悦地说："从今南浦绿波上，惠泽千春同渺弥。"意思是说，为官一任，造福一方，你的历史功绩，正如南浦溪水一样将万古长流。真德秀还说："官自忧民民自乐，此事更属无穷思。"意思是说，为官者，只要心中装着百姓，时刻为百姓着想，先百姓之忧而忧，后百姓之乐而乐，那就一定会受到百姓的爱戴。

有一位叫陈逢寅的人，这年到浦城县任主簿。主簿，是中国古代的一种官职，主要负责掌管文书工作，是各级主官下属的佐吏。

主簿虽然位低言轻，但也属官员序列，肩负着一定的责任。陈逢寅不认为主簿职位轻微而不肯作为，而是孜孜所职，朝夕自力自始至终，也得到真德秀的赞许。浦城县主簿厅，从来无记，陈逢寅考自建炎至宝庆，主簿有三十人，题其名于石，真德秀为之撰《浦城县厅壁记》。《记》中说：

今陈君书此石也，将使后之人指石而议，曰：孰清如冰，孰洿如泥；孰伟然特立，孰汩焉突梯。是不可畏矣乎，是何不谨其所以传者乎？

这就是说，将名写于石上，有警示作用。

当时县令推行的政务。若对浦城百姓有利的，真德秀亦是鼎力

相助。

宋朝的保甲制是源于秦汉的乡里组织体系，是一个严密的社会治安网络。

绍定四年（1231），官府举行保甲，真德秀非常赞同，他认为，当今的人少知古意，邻里相视，往往皆如路人，因此推行不开。官府又再催促，反而使百姓产生疑惑，以为这是官府要派差役而推行保甲。真德秀与县令、县丞商议，认为这是恤民而非扰民的制度，为此，他撰《清城谕保甲文》，请他所在隅官总首遍行报告，并将此文贴在各户门前。

文中说：

某卜居于此，倏已六年，阖邑之人，皆吾里乡党也，思一聚而未能。今因此遍会吾同邑之人，而力有所不及，将以此月中旬，与同社百家修祀于本坊之社。

真德秀说，祭祀所需的牲口酒醴都由他准备，祭祀完后，分胙给百家。本社士农工商都可参加，但坐次则有区处，以崇合古人重乡社之意。在这些聚会中，真德秀陈说邻里乡党相亲相睦的意义，阐明团结保甲的本意。推行保甲，是提防小窃与遗漏而已。一家有盗，不能自获，邻里必至，必然会抓获；一家有火，不能自灭，邻里毕至，必然会扑灭。至捍御外盗，近有尉寨之兵和招募之兵，远则有朝廷的大军，不会向保甲派差役和抓兵。还有每户出一人五天一巡逻，贫士无作者，单丁的老弱可以不出。真德秀这样的晓喻，百姓明晓，不存疑惑，保甲得之推行。

在此还要提到一事。作为史弥远手下“三凶”之一的李知孝，曾在嘉定十五年（1222）知浦城县。

这年汀、邵、剑三州疫死者各以万计，将侵及浦城县境，时至十月，

而炎郁不少衰。李知孝急急到南丰院净空禅师前祈祷，不久刮风下雨，继至瑞雪纷飞，一旬之间，疠气如洗。第二年五月，又遭干旱，李知孝又去南丰院祷告，只过二天，雨下；第三天，大雨，这年，获得丰收。李知孝列其事，向府、向转运司报告，转运司令旁郡到浦城审核，向朝廷报告，请按宝庆三年（1227）明堂制书赐净空禅师显号。这时，李知孝已在朝廷中任侍御史，他数次在荐绅间讲述净空禅师神异之事，闻者悚然兴敬，于是奉常议以慧应大师为号，并得到皇帝批准。

绍定元年，真德秀与县知事宋植等吏民去迎奉敕书。宋植拟将敕书刊刻，并请真德秀记述此事，真德秀为之撰《敕封慧应大师后记》。李知孝是真德秀落职的发难者，且不遗余力。真德秀不计前嫌，在后记中尽叙李知孝在浦城所做的善事，篇幅占此后记的四分之一，可见真德秀具有广阔的胸怀。

从上可以看出，真德秀的家乡情怀，不仅仅体现在他对家乡碧水丹山的留念，对家乡风土习俗的忆旧，他是把这种情怀，转化为对家乡建设的热切关注，对家乡人民安居乐业的鼎力支持。

二

真德秀对家乡满怀热爱之情，这从他取号“西山”中也能看出其心迹。

有一则资料是这样记述的：真德秀在浦城仙阳的故居附近有一座西山，他在宋嘉定十四年（1221）六月至嘉定十五年十月期间，居乡守孝，创西山精舍，以奉祀先人茔墓，并与师友、门人切磋学问，“西山”之号始于此时，学者称他为“西山先生”。

另外一则资料这样记载：据专家考证，真德秀生在浙江龙泉西乡

五都的西山，后徙居浦城，故史书均载为“浦城人”。成年后，难忘出生地，真德秀自号“西山”，因而后人又称其为“西山先生”。

“西山”之号无论是取自浦城之西山，还是龙泉之西山，可以肯定的是，都源于对家乡的热爱，都承载着浓浓的乡愁。

真德秀墓，位于浦城县莲塘镇颜处村真处山，现为县级文物保护单位。

魂归故里，真德秀将他对家乡的一片赤诚，永远写在了南浦大地上。

真德秀的丹桂情

一

嘉祐二年（1057）丁酉科，浦城人章衡，参加会试，高中状元。这一榜可不得了，被称为中国历史上的“龙虎榜”，是千年科举最闪耀的一榜。主考官为欧阳修，历史上一系列闪耀苍穹的名人苏轼、苏辙、张载、程颢、程颐、曾巩、曾布、吕惠卿、王韶均榜上有名。

章衡能在“龙虎榜”中独占鳌头，可见非同寻常，难怪宋仁宗皇帝龙心大悦，御笔亲挥，赐诗章衡：

十载留心向学堂，果然今日显文章。

灵鳌振处千山动，丹桂开时万里香。

也许，宋仁宗对浦城的丹桂有所了解，不然，他为什么把新科状元章衡比喻成万里飘香的丹桂呢？

不过，宋仁宗肯定想不到，一千多年以后，丹桂，竟然成了浦城一张响亮的文化名片。

桂花为木樨科木樨，属常绿乔木，是中国十大名花之一。浦城有着得天独厚的桂花生长环境，品种多、质量特色优异，尤其是浦城丹桂，是中国桂花中独特的珍品。2007 年 9 月 10 日，南京林业大学桂

花研究中心，对浦城桂花品种资源进行系统调查。调查报告中指出，浦城县现有桂花品种20个，其中有12个品种是首次在浦城发现。并将浦城丹桂品种正式命名为“浦城丹桂”。

江淹在浦城三年，深被浦城佳山秀水所吸引，称浦城“爰有碧水丹山，珍木灵草”，特别是看到浦城山中，水边、房前、屋后遍植桂花，大为开怀，因此，江淹在浦城所作的诗赋中“桂花”频频出现。江淹咏浦城桂花的诗句有“桂之枝兮刺天”，“香枝兮嫩叶”，“窦至烟水流，缓桂涵丹”，“桂生兮山之峦，纷可爱兮柯团团”，“桂含香作叶”，“涉桂水于碧湍”等。

1989年，经县人大会议确定，浦城丹桂为浦城县花。

2007年1月，中国经济林协会正式命名浦城县为“中国丹桂之乡”。

二

北宋的宋仁宗没有到过浦城，所以，他只能是听到过浦城的丹桂；而南宋的浦城人真德秀，不仅目睹了家乡丹桂之风采，而且对丹桂情有独衷。

有诗为证。

双桂轩歌

真德秀

徐氏轩前有双桂，虬枝曲铁相交蹉。
黑飚一夜鬼神会，天香堕地愁素娥。
露霭向晚半身湿，烟痕翠剥莓苔多。
迩来更借栽培力，开花无数黄金柯。
君家兄弟好奇石，携我共坐青婆娑。
月色轻摇白鸾箑，秋光浮动金巨罗。
气酣耳热发大叫，仰面不怕贞宰诃。
寒蟾无语立兔泣，一泓翠影绕山河。
相看一笑唾壶缺，揽笔赠君双桂歌。

这是真德秀为浦城徐氏“双桂轩”所写的一首诗。

浦城徐氏，可不是一般的家族，兄弟宰相父尚书指的就是这个家族中的“徐氏三贤”。徐应龙，字允叔，淳熙二年（1175）中进士。嘉定七年（1214），徐氏家族双喜临门，徐应龙之子徐荣叟与其弟徐清叟同时考中进士，后来徐荣叟、徐清叟兄弟皆高登相位。徐应龙、徐荣叟、徐清叟被世人尊为“徐氏三贤”。

徐荣叟、徐清叟与真德秀为同乡，真德秀比他们兄弟分别大 2 岁和 4 岁。兄弟两人少年时，曾在山林间，得到一本桂花两株。兄弟俩

很是高兴，将其移到家中轩前，轩名取“双桂轩”。

数年后，双桂蓊然畅茂，枝木委曲多姿，望之高大，树冠如车盖；金秋时，金色的花如金粟璀璨，天香满室。清风明月之夕，兄弟与宾客在树下唱咏，恍然若广寒清虚之地。

徐荣叟兄弟两人与真德秀友好，真德秀曾应邀到徐家作客，并作《双桂轩歌》。

无独有偶，在浦城，真德秀还写过一首与丹桂有关的诗《题全氏三桂堂》：

唐人重科甲，拟以折桂荣。一登群仙籍，不羡千佛经。
终全岁寒姿，乃比秋香清。咄彼牛李辈，伊优至公卿。
迨今齿其人，名字犹臊腥。卓哉刘户曹，直气霜棱棱。
一朝脱淡墨，千古扬芬馨。鸡峰有名家，奕叶影儒缨。
庭中三嘉树，屹立长宁宁。西风正摇落，翠葆黄金英。
劲节松可友，孤芳梅谓兄。丁宁命诸郎，我岂贪浮名。
爱此臭味同，故以书吾楹。尔曹方茂学，志取宫袍青。
要须勉植立，毋但希腾凌。己大外物小，道充人爵轻。
当如燕山窦，义方垂世评。勿效东堂诜，射策矜虚声。
懿哉君斯言，可折末俗醒。刻诗堂之楣，室观全氏兴。

全氏在浦城也是一个有渊源的家族，据《全氏增修族谱序》称：浦城全氏奉全景文为始迁祖。“全景文，字启周。浙江杭州籍。宋初官湖广西阳太守，奉命镇闽，驻临江岭。卒于官。后嗣遂家焉”。

真德秀与浦城贤士多有交往，与真德秀同时的全汝镇，家中庭院植三株桂花树，此堂名为“三桂堂”。真德秀与全汝镇一样，十分喜好桂花，“爱此臭味同”，为此作五古诗《题全氏三桂堂》，全汝镇还建有步云斋、心远室，真德秀都有题跋，真德秀爱恋步云斋。他在

《题全氏步云斋》中说：

> 金鸡一峰，为浦城最胜处，而全氏步云斋实踞其巅，人物彬彬多自此出……予一日摄衣而登，群山回环，万象呈露，恍然若超尘世。

有位龚少仙，是县尉，他为全氏心远室作记，真德秀为此撰《跋龚尉所记全氏心远室》。他以谢良佐（1050—1103，宋理学家，学者称上蔡先生）语为“心远”之义作解释：“莫为婴儿之态，而有大人之器；莫为一身之谋，而有天下之志；莫为终身之计，而有后世之虑。此之谓心远。”

三

在中国传统文化中，丹桂有着特殊的象征意义，它象征着纯洁、光明、高雅和美好的品质。在古代文人墨客的笔下，丹桂，常常被用来比喻高洁的品质、高尚的道德和崇高的境界。

此外，还有一种引伸义为“折桂”。折：摘取；桂：桂树的枝条。因桂树叶碧绿油润，我国古代把夺冠登科比喻成折桂，古时科举考试正处在秋季，恰逢桂花开的时候，故借喻高中进士。

“兄弟题名折桂岭”的故事在浦城经久流传。

折桂岭在浦城县南浦镇北 32.5 公里，因山产梨，原称梨岭，又岭有五显庙，俗称五显岭。

折桂岭为福建出入中原的要道，旧关楼南面书“全闽锁钥”，北面书“越闽砥柱”。折桂岭之名源于唐。唐贞元初，林藻与其弟林蕴联袂进京赶考，在岭头题下姓名，并立下科场必胜的誓愿，皇天不负苦心人，经他们的努力，终于如愿以偿，林蕴于贞元四年明经及第，林藻也于贞元七年登进士。其后，兄弟二人相携衣锦还乡，进入闽境

路过此岭，喜气洋洋地在赶考时题名处题诗一首：

曾向岭头题姓字，不穿杨叶不言归。

弟兄各折一枝桂，还向岭头联影飞。

折桂者，科举及第之喻也。因此这岭就称折桂岭。

真德秀根植浦城大地

一

福建北大门浦城，位于福建省最北端，踞八闽上游，界闽浙赣三省，是闽江、富春江、信江三江的源头之一。

浦城于东汉建安初年（196—200）正式建县，以国为号称“汉兴”，三国时属吴国称“吴兴”，唐时称“唐兴”，武周时称“武宁”，武则天去位后复称“唐兴”。唐天宝元年（742年）八月，以西汉东越王馀善曾临溪筑城，定名“浦城”。

章得象

浦城历史上曾出过8位宰相、4位状元、172名进士。历代名人闪耀苍穹——五代有军事家章仔钧，芝城之母练寯；宋代有《文苑英华》主要编纂者杨徽之，“西昆体”代表诗人之一杨亿，宋代福建人第一个任宰相的章得象，“王安石变法”实际主持人章惇，政治家吴充、吴育兄弟和徐应龙、徐清叟、徐荣叟父子，中国第一位武博士何去非，艺术家章友直，贤臣大儒真德秀；元代有元诗四大家之一的杨载；明代有外交家潘赐；清代有闽派古琴创始人祝桐君。

人物名片

吴育（1004-1058年），北宋庆历五年（1045年）任参知政事。

吴育

二

浦城八大宰相之一的真德秀，从小就生活在浦城的碧水丹山间，根植于浦城深厚的文化土壤中，浦城淳朴的民风民俗，养就了他善良正直的人格品性；浦城众多的前辈先贤，为他提供了源源不断的精神滋养。

徐莘老，与真德秀同为浦城仙阳人，他任长洲县簿时，因为勤于吏治、为官清廉，被郡守推荐升任县令，后官至礼部尚书。

真德秀去世后，徐莘老写了一篇《祭真西山先生文》，该文中，徐莘老满怀敬意、热情洋溢地赞颂了真德秀的道德文章、不世功绩：

早擢巍科，集贤直宿。螭坳簪笔，藩符分竹。人皆谓公，西山正肃。耻应伪举，出处有常。入备官僚，调护诸王。人皆谓公，西山文庄。掌制翰林，怡然自得。端揆庙堂，仪刑百辟。人皆谓公，西山郇国。怀玉降神，文章丽空。不避谗毁，为国竭忠。人皆谓公，西山文公。惟此四人，此邦前哲。而公兼之，异世同辙。

这段祭文中，徐莘老提到了四个人——正肃、文庄、郇国、文公，并对这四个人的生平业绩进行了粗线条似的总结赞誉，最后，归结一点：

惟此四人，此邦前哲。而公兼之，异世同辙。

意思就是说，这四个人，都是浦城的历史上的先贤先哲。而真德秀，更是浦城的骄傲和荣光，真德秀的身上，兼具了以上四贤的综合品德和气节，他不仅才能卓著，而且功勋照世。

徐莘老对真德秀的这个评价，既至高至崇，又实至名归。因为，根植于南浦大地的真德秀，成就了浦城一座万世敬仰的先贤高峰。

三

下面，简要谈一下正肃、文庄、郇国、文公的人生轨迹以及真德秀与他们之间的情感交集和精神交流。

正肃，即吴育（1004—1058），字春卿，浦城八相之一，正肃是他的谥号。

吴育刚正不阿、嫉恶如仇，在朝廷敢说真话，数次与权相贾昌朝争议，大臣都为之失色，而吴育却还辩论不已。《宋史》称：“育性明果，所至作条教，简疏易行而不可犯。通事不妄发，发即人不能挠。

辩论明白，使人听之不疑。”

吴育之弟吴充（1021—1080），字冲卿，也是浦城八相之一，真德秀对吴育、吴充两兄弟非常敬佩。真德秀读了吴育撰写有关文章后，曾写下《政二吴宪公贴》一文，文中称吴育是正人君子，有“精志大节”。

文庄，即杨徽之（921—1000），字仲猷，卒谥文庄。世称文庄公。五代后周显德二年（955）进士。历官工部侍郎、礼部侍郎。翰林侍读学士。太宗诏辑《文苑英华》，全书1000卷，以徽之精于风雅，独力承编诗180卷。

杨徽之少时在浦城梦笔山读书。为了纪念他，后人在此建杨文庄公书堂。真德秀怀着敬仰之心曾作《杨文庄公书堂记》，称杨徽之“入侍禁中，所承圣券，至摘其诗中隽语，笔之御屏中。词章翰墨。同时岂乏其人，而公独得此者，非重其诗，重其节也”。赞扬他“平生所立，凛凛玉雪，无一节可疵”。

郇国，即章得象（978—1048），字希言，浦城八相之一。庆历七年（1047），被封为郇国公。皇帝称他“清忠无所附，且未尝有干请”。宋仁宗还赐诗给章得象，对其极尽赞美之词：

阆苑仙翁福寿遐，孙登龙首戴宫花。

文章紫殿无双客，富贵皇朝第一家。

三代姓名喧上国。七闽声誉寂中华。

凤凰池上标余庆，他日新堤又筑沙。

在江西新喻（今年江西新余），也有一支浦城章氏后裔，当年，他们编修宗谱时，章颖（官至礼部尚书）请真德秀撰写谱序。真德秀欣然写下《新喻章氏谱序》称：

章氏兴自汉魏，迨至五季仔钧以来，迄今英贤迭出，忠节懋著，即八龙三凤未必多让，非厥德世修，遗荫何若是之盛乎？

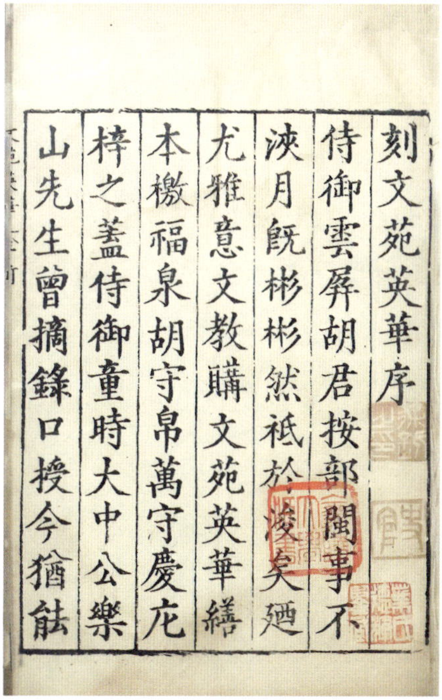

刻文苑英華序

侍御雲屛胡君按部閩事不

浹月既彬彬然祗於淩矣廼

尤雅意文教購文苑英華繕

本檄福泉胡守帛萬守慶庀

梓之蓋侍御童時大中公樂

山先生曾摘錄口授今猶能

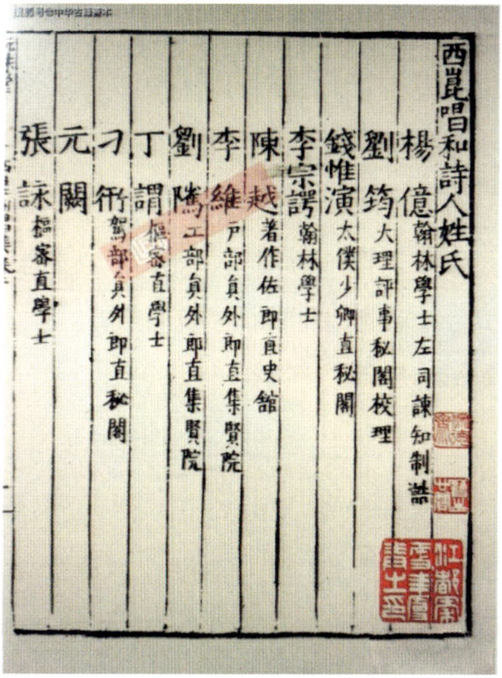

西崑唱和詩人姓氏

楊億 翰林學士左司諫知制誥

劉筠 大理評事秘閣校理

錢惟演 太僕少卿直秘閣

李宗諤 翰林學士

陳越 著作佐郎直史館

李維 户部員外郎直集賢院

劉隲 工部員外郎直集賢院

丁謂 樞密直學士

刁衎 駕部員外郎直秘閣

元闕

張詠 樞密直學士

文公，即杨亿（974—1020），卒后谥文，因称文公。杨亿是浦城四神童之一，7 岁能诗，11 岁以“神童”荐入朝廷，官至工部侍郎、翰林学士。宋真宗命编修《太宗实录》，全书 80 卷，杨亿独力完成 56 卷。又诏王钦若和杨亿修《册府元龟》1000 卷，杨亿为实际主编。在编修《册府元龟》时，杨亿与同僚唱和，创西昆体。

真德秀不仅赞叹杨亿的才华，更敬佩他的气质。

真德秀《跋杨文公书玉溪生诗》称：

国朝南方人物之盛，自浦城始，浦城人物之盛，自文庄公及公始。

真德秀还在《秘书少监直学士院徐公墓志铭》中表达对杨亿钦仰之情，称：

浦城自国初杨文公首居翰苑，以文章妙天下。然同时进者不少，独公嶷然山峙，自人主犹敬惮之，世之称公，不以其文而以其节。

真德秀的意思是说，杨亿不仅以文章称雄当世，而且他的人格气

节也令人心生崇敬。

有一个“杨亿抗旨”的故事，表现了杨亿保持气节、视富贵为粪土之精神。

宋真宗当政时，一心要立出身贫寒的德妃刘氏为皇后，可是遭到了朝中大臣的反对，于是，宋真宗想到了杨亿，派人命杨亿起草册文。对这事颇有微词的杨亿却不肯奉诏，有人劝他说：“起草这样的文告，何愁富贵呀。”杨亿回答说：“如此富贵，亦非我所愿也。”真宗没办法，只好找其他人去起草了。

欧阳修《归田录》中这样评价杨亿：“杨文公以文章擅天下，然性特刚劲寡合，有恶之者，以事潜之。”

《读史学自体》一书中这样评价杨亿：为人正直，风骨铮铮，不愿苟且自辱其身。其身份虽为文学侍从之臣，但为人立志甚高，自谓“史笔是非空自许，世情真伪复谁知”。

真德秀敬仰陈襄

一

《梦溪笔谈》是一部涉及古代中国自然科学、工艺技术及社会历史现象的笔记，作者为北宋科学家、政治家沈括。

关于这部书，很多人应该是从毕昇发明活字印刷术开始了解的。因为，毕昇这个人不同凡响，他发明的活字印刷术，是中国古代四大发明之一；因为，《梦溪笔谈》这本书流传千古，毕昇的事迹便记载其中。

《梦溪笔谈》中有一篇题为《摸钟辨盗》的文章，所记之事便发生在浦城：

陈述古密直，尝知建州浦城县。富民失物，捕得数人，莫知的为盗者。述古乃绐曰：“某寺有一钟，至灵，能辨盗。”使人迎置后阁祠之。引群囚立钟前，谕曰：“不为盗者摸之无声，为盗者摸则有声。”述古自率同职祷钟甚肃，祭讫以帷围之，乃阴使人以墨涂钟。良久，引囚逐一以手入帷摸之。出乃验其手，皆有墨，一囚独无墨，乃见真盗。恐钟有声，不敢摸者，讯之即服。

文章很短，为了便于理解，我们将之翻译成白话文：

陈述古任建州浦城知县时，有一个富人遭到了盗窃，抓到一些人却不知道哪个是真正的盗贼。于是陈述古骗他们说："某庙里有一口钟，能辨别谁是盗贼，特别灵验。"他派人把那口钟抬到官署后阁，祭祀起来，把这一群疑犯带到钟前，自己对疑犯说："没有偷东西的人，摸这口钟，它就不会响，偷了东西的人一旦摸它，钟就会发出声音。"陈述古亲自率领他的同僚，在钟前很恭敬地祈祷。祭祀完毕后，用帐子把钟围起来，暗地里让人用墨汁涂钟，过了很久，钟涂好以后，带领被捕的疑犯一个个让他们把手伸进帷帐里去摸钟，出来就检验他们的手，发现都有墨汁，只有一人手上无墨。陈述古对这个人进行审讯，于是他就承认自己是盗贼。原来这个人是害怕钟响，没有敢去摸。

陈述古为何人？陈述古就是陈襄。

陈襄（1017—1080），北宋理学家、仁宗、神宗时期名臣，字述古，侯官（今福建福州）人，因居古灵，故号古灵先生，与郑穆、陈烈、周希孟并称"海滨四先生"。庆历二年（1042），26岁的陈襄高中进士，出任浦城主簿，并代理县令。

二

真德秀在浦城赋闲期间，曾写有《主簿厅壁记》，在文中，真德秀

高度赞扬了陈襄在浦城的业绩，并对陈襄表达了真诚的敬仰之情。

真德秀在《主簿厅壁记》中写道：

姑即吾邑观之，自宋兴以来，仕于斯者，不知其几，而寥寥数百祀，唯古灵陈公之名独传，是亦一主簿耳。

意思就是说，浦城这个地方，自从宋朝兴盛以来，有很多人当过浦城主簿，不少人如过眼云烟，没有在浦城历史上留下什么印记。只有陈襄，令人铭记，留芳于世。

这是什么原因呢？

真德秀一针见血地指出：

故可传在人，不在官若职。

意思是说，一个人能否历史留名，能否为百姓铭记，不一定在于他官多大，位多显，更重要的在于，一个人在其位有否谋其政，有否为地方办实事，为民造福。

由此可见，真德秀对陈襄的评价，极为中肯。陈襄虽然只是主簿，其声名能传永久，不是因为他离开浦城后，当了高官，而是其政绩甚佳，他在浦城任上，确确实实做出了可圈可点的突出业绩。

上文所述的“摸钟辨盗”故事，陈襄巧妙的抓住了犯罪嫌疑人害怕被识破的心虚心理，切中要害，虽然没有经过繁琐的调查取证，却不战而屈人之兵，直接找出了真正的盗贼。这则故事，实际上也体现出了一位为民作主的能吏形象。

《宋史》记载：

襄举进士，调浦城主簿，摄令事。县多世族，以请托肋持为常，令不能制。襄欲稍革其俗，每听讼，必使数吏环立于前。私谒者不得发，老奸束手。

意思就是说，陈襄进士及第，被授予福建浦城县主簿，代理县令。

当时浦城豪门世族势力强大，经常挟制官府，以致“挠法缺令者久之”，许多积案难以办理。面对恶劣的社会政治环境，陈襄上任后，采取穷其根本、秉公办案、剖决无留的原则来整顿吏治。他撇清与豪门世族的关系，概不接见；拒收贿赂、排除干扰，每听讼必使数名小吏环立周围，使“私谒者不得发，老奸束手”。坚持从严治吏并率先垂范，陈襄改变了浦城官场风气，使人民得以安居乐业。

陈襄还是浦城县学的创始人。

《浦城县志》记载：“宋庆历年间（1041—1048），朝廷下诏郡县立学。侯官人陈襄，于庆历二年举进士后，调任浦城县主簿，后摄县事。他与邑人徐翘等在城区东隅龙头山左侧创建学宫，招收本县学生，陈襄亲自授课，吸引远方几百名弟子来浦求学。”

三

浦城是理学名邦，以真德秀为最著，而在真氏之前，即有亲炙朱熹的学者多人，且朱熹之前已有衍道之绪者，他们或传经以存道，或志道以明经，师友渊源历历可数。

陈襄为理学先驱，与陈烈、周希孟、郑穆并称为“海滨四先生”，是“四先生”中倡道最力、影响最大的先贤，为闽学的奠基和推广贡献至深，被世人尊称为“闽中理学倡导第一人。”

陈襄在浦城任上，尽心尽职，造福于民，难怪同为理学家的真德秀对他赞美有加、刮目相看。

真德秀力倡孝道

一

问世间，孝为何物？

“身体发肤，受之父母，不敢毁伤，孝之始也。立身行道，扬名于后世，以显父母，孝之终也。”这是《孝经》里面的一段话，是孔子对他的学生曾子所说的。

有一天，孔子在家里闲坐，他的学生曾子侍坐在旁边。孔子说：

“先代的帝王有其至高无上的品行和最重要的道德，以其使天下人心归顺，人民和睦相处。人们无论是尊贵还是卑贱，上上下下都没有怨恨不满。你知道那是为什么吗？”

曾子站起身来，离开自己的座位回答说：

“学生我不够聪明，哪里会知道呢？”

孔子说：

“这就是孝。它是一切德行的根本，也是教化产生的根源。你回原来位置坐下，我告诉你。人的身体四肢、毛发皮肤，都是父母赋予的，不敢予以损毁伤残，这是孝的开始。人在世上遵循仁义道德，有所建树，显扬名声于后世，从而使父母显赫荣耀，这是孝的终极目标。”

按照孔子的这一观点，真德秀无疑是中华孝道文化的杰出代表。

二

真德秀是孝道忠诚的践行者，他对母亲至孝至顺，感人至深。同时，他遵循仁义道德，勤于攻读，廉以行政，弘扬理学，一心为民，终成一代贤臣大儒，为父母增光彩，为家乡添荣耀，完美地实现了孝道文化的终极目标。

真德秀不仅是孝道的践行者，还是孝道的大力倡导者。

林攒是泉州莆田人，他“结庐守墓，孝感动天”的故事，在《新唐书》中有记载。

唐德宗贞元四年（788），林攒被任命为福唐县（今福建省福清市）县尉。刚上任不久，他还没来得及将母亲接过去奉养，就收到了其母因年老体弱突然得了重病的消息。林攒即刻辞官回家，照顾母亲。不久，他母亲骤然离世，林攒痛不欲生，亲自和泥垒砖砌墓冢，还在墓冢的右侧搭草棚“守墓”，一连五天水米未进。十几天后，天降甘露，百鸟翔集，百姓争相传颂。州府把这一“奇象”上报给福建观察使李若，李若便派遣官吏前来查验。

官吏刚到核验时，地上的甘露却忽然消失不见了。百姓心中开始不安了起来，林攒也痛心疾首，仰天哭泣道：“难道这是上天要降灾祸于我吗？”要知道，在以忠孝礼义治理家国的古代，真“孝”可以上达朝廷，假“孝”那可是不赦之罪。须臾间，甘露再降，百鸟盘旋飞翔。

贞元十三年（797），唐德宗为敦劝孝道，降诏褒异，命立双阙于其宅，旌表门闾，举族皆免徭役。

嘉定十二年（1219），真德秀在泉州建忠孝祠，祠祀唐代孝子林攒与宋代忠臣苏缄。

苏缄（1016—1076），泉州晋江人，北宋大臣。宋神宗即位后，迁广东兵马钤辖、知邕州。熙宁九年，抗击交趾人进攻，以身殉国，谥号忠勇。

真德秀在《忠孝祠记》中，称赞林攒：

事死如生，事亡如存者，孝之至也。

长沙明道乡民陈媪年过百岁，二男一女，皆近八十，皆对其母孝养有加，故天赐其一门高寿。真德秀作诗盛赞陈媪亲慈子孝：

陈氏春秋一百一，儿女年皆过七十。

一门慈孝更雍愉，四老真堪入画图。

长官申闻太守喜，召至阶庭加盛礼。

老莱彩服作儿啼，今视古人更过之。

老莱一身娱戏耳，况有三儿奉甘旨。

人言潭俗不古如，君看此事天下无。

一门高寿何由得，慈孝之人天所惜。

我愿湘民胥效之，从此九州皆寿域。

同时，真德秀还将陈氏一家作为慈孝典范在潭州广为宣讲。

泉州有一个叫王沂之的人，家里颇有资财，是当地富户。他的父亲临去世之前，特地交待王沂之说："我去世后，你要拿出家产，捐资办学，造福乡梓。"王沂之谨遵父亲遗命，捐田三百余亩，以赡师生，以继祖志、化育乡里。

真德秀听到这件事后，大为赞赏，认为这是一个孝顺的典范。不仅为学堂命名为"义塾"，并为王沂之父子立"义塾坊"。

三

对于行孝之人，真德秀大力表彰，而对于不孝之人，真德秀也有自己的一套惩治办法。

对于悖逆不孝、凌犯尊长之人，真德秀遵循先教后刑的原则，惩前毖后，治病救人。真德秀说：

以至恩大义，谆谆劝晓，苟能悔过，姑许自新。教之不从，即加惩治，甚者解州施行。

意思就是说，对于不孝之人，先要以教育为主，对其晓之以大义，耐心做好思想工作。倘若能够迷途知返，悔过改过，我们就要给他自新的机会。当然，如果有人顽固不化，一条道走到黑，那就必须给予严厉的惩处。

真德秀知泉州时，有一个人叫吴良聪，此人对父母极为不孝，既使父母亲生病了，他也不闻不问，任其疾病缠身，痛苦熬日。父母亲年纪大了，丧失了劳动能力，此人也根本不尽孝道，不侍养父母。

万般无奈之下，吴良聪的父母将之告上府衙。

真德秀接受此案件后，心中大为震怒，立即下令严查。经过周密调查取证，吴良聪父母所告之事完全属实。于是，真德秀对吴良聪处以“杖脊二十，髡发，拘役一年，仍就市引断”的惩处。

有人认为真德秀处罚太重了。真德秀却说：

自今以往，家家礼义，人人忠孝，变七闽之俗为邹鲁之乡。

真德秀的意思是说，对于此类不孝之人，必须严惩不怠。我这样做的目的，就是要通过官方的严厉奖惩，狠狠打击民间的不良风气，树立良好的道德典范，使人民百姓明白一个最简单、最朴素的道理——孝顺父母，人之根本；不行孝道，禽兽不如。

四

对于孝友笃志之人，真德秀要求各属县官吏勤行访问，并积极申报州府加以褒表。真德秀告知属下说：

若民间有孝行纯至、友爱著闻与夫协和亲族、赒济乡闾、为众所推者，请采访其实以上于州，当与优加褒劝。至于听讼之际，尤当以正名分、厚风俗为主。

意思就是说，请你们要多关注民间的一些民事动态，在你们的治所范围内，如果发现行孝尽悌的典型，夫唱妇随的模范，尊亲睦族的标杆等，务必将之上报，我们要大力宣传，并给予嘉奖。我们要以此举措，全面弘扬社会正气，坚决遏制歪风邪气。

史书记载：

周宗强，除依条支赏外，特请赴州，置酒三行，以示宾礼之意，用旗帜、鼓乐、鞍马、伞扇送归其家。

就是说，对于周宗强的孝行，除了给予奖励之外，真德秀还把他请到州衙，亲自为他把盏敬酒，以表尊重与敬佩。同时，真德秀还大张旗鼓送周宗强回家，让周宗强享受到了极高的荣耀。

晋江县民刘玑年过七十依然事母至孝、奉养弥谨。真德秀对刘玑的孝行大加称赏：

既加优礼，又立寿母坊以表之。

就是说，对于刘玑，真德秀也是以礼相待，并且还为之专门竖立“寿母牌坊”，为人们树立学习的榜样。

五

用心倡导孝道的真德秀，还特别注重孝道文化的传播。

知泉州期间，真德秀将将《孝经·庶人》一章，刊印成小册子，下发到广大百姓群众手中，让大家广为传阅，传播四方。

《孝经·庶人》主要内容是：

用天之道，因地之利，谨身节用，以养父母，此庶人之孝。

这段话的意思是，利用自然的季节，认清土地的高下优劣，行为谨慎，节省俭约，以此来孝养父母，这就是普通老百姓的孝道了。

对于这段话，真德秀也作出了他自己的注解：

此经乃至圣文宣王所作，大圣语言，应不误人。……凡人皆因妄费无节，生出事端，既不妄费，即不妄求。自然安稳，无诸灾难，便是节用。谨身则不忧恼父母，节用则能供给父母。能此二者，即是谓孝，故曰：“以养父母，此庶人之孝也。”“父母虽亡，保守遗礼，勤修祭祀，亦与孝养一同。”《孝经》此章凡二十一字，今镂小本，烦尔父老散与乡民，劝其朝朝诵念，字字奉行。

真德秀的意思是说，《孝经》是孔子所作的，圣人所说的话，应该是不会误人子弟的。我国古来就是一个农业国家，农人的孝道，就是要会利用四时的气候来耕耘收获，以适应天道。分辨土地的性质，来种植庄稼，生产获益，以收地利之果。庶人的孝道，除了上述的利用天时和地利以外，第一、还要谨慎的保重自己的身体，爱护自己的名誉，不要使父母遗留下来的身体、有一点损伤，名誉、有一点败坏。第二，要节省用度，不要把有用的金钱，作无谓的消耗。如果照这样的保健身体、爱护名誉、节省有用的金钱，使财物充裕，食用不缺，以孝养父母，那父母一定是很喜悦的。这样，不但可以孝养父母，就

是子女的教养费，社会的应酬，也足以应付了。这便是庶人的孝道。

真德秀还说，今天我把《孝经·庶人》中的这二十一个字，刊印给大家，麻烦你们将之散发给众多的民众，同时，还希望你们劝导大家要认真阅读，仔细领会，并落实到每个人的日常行为中去。

真德秀有一个朋友叫龚栗，他写了一本书，叫《孝经集义》，真德秀看了这本书后，大加赞赏，不但亲自为之作序，还将此书“颁之庠序，布之乡党”，让士人习学，化育民众、淳风美俗。

在向大家推荐这本书的时候，真德秀说：

龚君之为此书，欲为士者知孝之为孝，俛焉以尽其力，而无不能孝之士；凡民有所观法，亦知孝之为孝，俛焉以尽其力，而无不能孝之民，其用心岂不至矣乎！予谓长人者宜，以此书颁之庠序，布之乡党，使为士者服习焉而力行以先乎民，则吾邑之俗可变。推而达之，将天下之俗无不可变者，岂小补云哉！

真德秀的意思是说，龚栗这位先生之所以写这本书，就是为了让大家真正理解“孝”的内蕴，如果大家都能尽心尽力地行孝尽孝，那么，天下就没有不孝之人了。我之所以把这本书推荐给大家，就是为了让大家用心学习，并通过自己的实际行动，来改变乡间的民风民俗。如果大家再将行孝的美德，进一步推而广之，那整个社会的风气也会得到进一步好转。

六

所谓孝道文化，就是关于关爱父母长辈、尊老敬老的一种文化传统。孝，是中华民族传统美德的基本元素。我国孝道文化包括敬养父母、生育后代、推恩及人、忠孝两全、缅怀先祖等，是一个由个体到整体，修身、齐家、治国、平天下的延展攀高的多元文化体系。

孝道贯百代，上下五千年。孝道已成为中华民族繁衍生息、百代相传的优良传统与核心价值观。孝道是中华民族的传统美德。不管社会如何进步，社会文明如何发达，这种美德什么时候都不能丢。否则，就无异于大道废弃，纯朴破产，人心堕落，社会倒退。

真德秀不仅以孝立身，而且大力倡导孝道文化，他把一个大大的“孝”字，书写在人间大地上，至今仍鲜艳如初，撼人心魄。

真德秀苦行自律

一

许衡是我国古代杰出的思想家、教育家和天文历法学家。一年夏天，许衡与很多人一起逃难。在经过河阳时，由于长途跋涉，加之天气炎热，所有人都感到饥渴难耐。

这时，有人突然发现道路附近刚好有一棵大大的梨树，梨树上结满了清甜的梨子。于是，大家都你争我抢地爬上树去摘梨子来吃，唯独只有许衡一人，端正坐于树下不为所动。

众人觉得奇怪，有人便问许衡："你为何不去摘个梨子来解解渴呢？"许衡回答说："不是自己的梨子，岂能乱摘！"问的人不禁笑了，说："现在时局如此之乱，大家都各自逃难，眼前的这棵梨树的主人早就不在这里了，主人不在，你又何必介意？"

许衡说："梨树失去了主人，难道我的心中也没有主人吗？"许衡始终没有摘梨。

这则小故事，讲的就是自律。在无主梨树前，许衡因为心中有"主"，所以能做到无动于衷。在许衡心目中的这个"主"就是自律。一个人，有了自律，才能在没有纪律约束的情况下亦能牢牢把握住自己。

张伯苓也是一个心中有“主”之人。

张伯苓长期任南开大学校长，有一次他看见一个学生手指被熏得焦黄，便指着他说：“你看，把手指熏得那么黄，吸烟对青年人身体有害，你应该戒掉它！”但这位学生反唇相讥：“你不也吸烟吗？怎么说我呢？”当下张伯苓将自己所存吕宋烟全数拿出来，当众销毁，并表示再不吸烟，果真如此，张伯苓再没吸过烟。

真德秀也是一个心中有“主”之人。

我们纵观真德秀的一生，自律，就像一条无形的丝线，透亮地贯彻始终。

在《题黄君贫乐斋》中，真德秀曾写到：

饭蔬饮水复何求，道在心中百无忧。

这个“道”，在真德秀心中，就是道德规范，道德准绳，和许衡心中的“主”如出一辙，是他们坚守终生的道德底线，为人处世原则。

二

真德秀在《泉州科举谕士文》中这样写到：

颇知深自爱惜，每每缓步徐行于众人之后。

真德秀的意思是说，他平素十分自重、自爱、自惜、自律，与众人同行时，他总是脚步沉稳，表情庄重，礼让他人。试想，已身居高位的真德秀，尚且如此谦逊重礼，怎能不让大家肃然起敬？

当然，真德秀讲这话的目的，并不是为了彰显自己个人的品性和道德修养，而是以此与大家共勉之，以此告诫年轻人，务必要注重礼仪，严于律己，不断提高自我素养。

史载，真德秀酒量很大，亦属相当能喝之人。作为文人，常与酒

为伴，不稀奇；作为官员，交际广，经常喝酒，也不稀奇。

然而，真德秀的自我约束能力，实在令人敬佩。

这一天，真德秀戒酒了。为什么？母亲去世了，为了尽行孝道，真德秀立志此后不再饮酒。并且，真德秀是说到做到，在此后漫长的岁月里，无论他人拿出什么样的美酒佳酿，真德秀都不为其所动。万不得已的情状下，出于礼节，真德秀至多也就是举起筷子，沾一点酒，然后湿一湿嘴唇，以表示对敬酒之人的尊重。

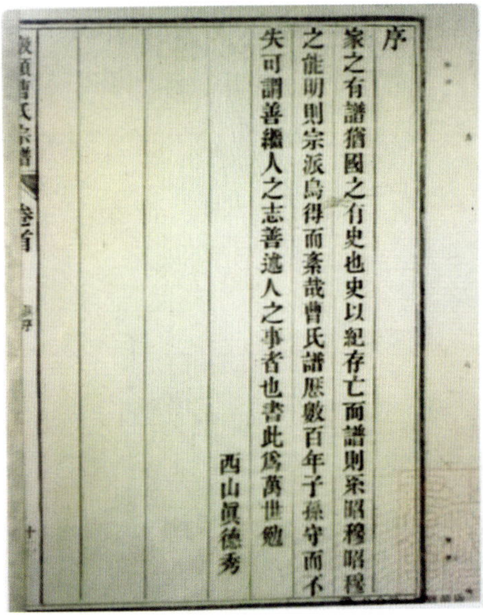

序

家之有譜猶國之有史也史以紀存亡而譜則系昭穆昭穆之能明則宗派烏得而紊哉曾氏譜歷數百年子孫守而不失可謂善繼人之志善述人之事者也書此爲萬世勉

西山眞德秀

真德秀在当时人称之为“清白吏”。刘克庄说：

江东二年，凡下车例册及台阃戎司之馈，以至太夫人诞日，诸司所奉寿礼，皆不入私橐，专储之以助赈施。

什么意思？就是说，真德秀这个人非常地廉洁自律，不仅从来不会伸手拿、卡、要，并且从来不收礼，那些按照当时的官场惯例，难以拒绝的礼金、礼品，他也决不收入个人腰包，而是一律上交造册，用于赈灾工作。更为难能可贵的是，就连母亲生日时，他人送的礼物，他也统统上交，全部用在救灾工作上。

自律如是，真德秀“清白吏”之美名实至名归。

三

万事勤为本。“勤”是流淌在中华民族血脉中的精神，是我们的

传统美德。

《劝学》是唐朝颜真卿所写的一首七言古诗：

三更灯火五更鸡，正是男儿读书时。

黑发不知勤学早，白首方悔读书迟。

本诗前两句通过对学习环境描写来表达年少读书时应该勤奋，后两句通过头发颜色变化来表达年长时读书已晚。劝勉青少年要珍惜少壮年华，勤奋学习，有所作为，否则，到老一事无成，后悔已晚。

对于“勤”字，真德秀有他独到的理解和严于自律的实践。

勤于政事，是真德秀坚定的为官态度。

真德秀在《西山政训》中写到：

民生在勤，勤则不匮，则为民者不可以不勤；业精于勤，荒于嬉，则为士者不可以不勤。况为命吏，所受者朝廷之爵位，所享者下民之膏脂，一或不勤，则职业隳弛，岂不上孤朝寄，而下负民望乎？今之居官者，或以酣咏遨游为高，以勤强谨恪为俗，此前世衰弊之风也。盛明之时，岂宜有此？陶威公有言：“大禹圣者，犹惜寸阴，至于众人，当惜分阴”。故宾佐有以蒲博废事者，则取而投之于江。今愿同僚共体此意，职思其忧，非休澣毋聚饮，非节序毋出游，朝夕孜孜，惟民事是力，庶几政平讼理，田里得安其生。

这段话的大意是，无论老百姓还是官员，都不能不勤劳。国家任命的官员，享受朝廷的爵禄，都是民脂民膏。不勤政就上负皇恩，下愧百姓。现在当官的往往崇尚饮酒赋诗游山玩水，把勤政谨慎当成俗事，这都是前世的衰敝之风。陶侃曾经说：“像大禹这样的圣人，都格外珍惜光阴，至于众人，更应当珍惜时光。”因此，当手下有人赌博误事后，他把赌博工具和酒器一律投进江水。现在，希望各位同事，恪尽职守，非节假日不要聚会饮酒、游山玩水，致力为老百姓做事，争取政治平和、狱讼公平、百姓安居乐业。

正因如此，真德秀处处身先士卒，事事以身作则。

真德秀：

视人犹已，忧公如家，积缘思虑之劳，遂得烦悸之疾。

就是说，真德秀以百姓之事为至重，一心扑在工作上。由于夜以继日，勤于政务，以至于累坏了身体。

轸忧民瘼，耗损心气，每一发动，辄经旬月如醉如痴。

就是说，为了解民忧，谋民福，工作的时候，真德秀茶饭不思，废寝忘食，常常进入一种如醉如痴之工作状态。

事无细大，必躬亲之。

就是说，只要是工作上的事情，真德秀都全身心投入，尽心竭力办实每一件实事，办好每一件好事。

这是一种严格的道德自律精神，注重道德的自觉性、自律性，把守身行道作为自身生命价值的根本体现。

真德秀建“睦亭”

睦亭，坐落在浦城县仙阳镇西山下，为真德秀亲建的西山精舍的一个组成部分。宋嘉定十五年（1222）五月始建。

真德秀为一代大儒，他不会随意去建一个亭，更不会随意地为一个亭取名，那么，他为什么要建这个亭，又为什么将之取名为“睦亭”呢？

睦亭建好后，真德秀亲撰《睦亭记》，以上问题在《睦亭记》中可以找到答案：

嘉定十四年六月，西山精舍成。明年五月，作新亭于池上，而命之曰“睦亭”。

客有问者曰：“夫睦，家庭之事也，子以名斯亭，何哉？”余曰：“古者合族而祭，事已，必有燕私焉。祭所以尊尊，而燕所以亲亲，其义一也。余之为是精舍也，以吾王父与吾先人之丘垄在是也。有精舍焉，以奉吾王父先人之丘垄，而春秋飨祀，无以为会吾宗族之地，是知尊尊矣，而未知亲亲也。凡人所为薄于族者，以其不知所出之本一也。诚知其所出之本一，则虽由衰焉而功，功焉而缌，由缌焉而至于无服。譬之巨木百围，枝叶扶疏，而根干则一。夫岂容以异观哉！然余之所以为是者，非为今日虑也。自吾之曾王父，有子一人焉，是为吾王父，王父有子一人焉。

是为吾先人若吾叔父，吾叔父不幸无后，而有子者，唯吾先人焉，吾之兄若弟是也。吾之兄不幸早世，而吾与叔季氏仅存，盖相倚以为命者夫、焉得而弗睦耶？余之所以为是者，为后人虑也。”

苏公有言：“吾之所与相视如途人者，其初兄弟也。兄弟之初，一人之身也。今自吾之子与兄弟之子，降而为从兄弟；自吾之孙与兄弟之孙，降而为再从兄弟，属一降则恩为之一衰，又自是而降，则亲尽服旁而途人矣！”吁！亲未尽，服未穷，而途人焉，今之俗皆然也，况于亲之尽服之穷而不途人耶！此吾所以虑乎后之人也。今为精舍于斯，欲吾子子孙孙，钦奉其先之祀。又为亭于斯，欲吾子于孙孙，毕其先之祠而相与会聚于斯亭，欢酬欢洽之余，追念本始，而知其所祖之一，则服属虽远，而情不至于疏，情不至于疏，则恩不得而绝，庶其免于相视为途人也。兹吾所望于后之人也。

客又曰：“子之为虑则至矣，然吾观世之有田以具粢盛，有屋以砥芏域者，不为不多矣，而能保之以传于后者甚寡，又将何以为计耶？”曰：“此非否所能知也。虽然，有一焉，夫自吾一家而观之，则吾之昆弟宗族同一体也。自天地而观之，则凡与吾并生于穹壤间者，皆同一体也。以吾尊祖睦族推之，凡其有田以具粢盛，有屋以砥芏域者，犹吾心也，吾其忍以货与力取之取耶？吾而不忍于人，人亦将不忍于我矣。此余之可知者，其所不可知者，奚庸过计为哉！”

客曰："然。"遂次其语为睦亭记。

真德秀这篇《睦亭记》，文字不多，但是信息量很大。

从《睦亭记》中可以看出，真德秀在宋嘉定十四年（1221）六月建西山精舍，以奉祀他的先人，但无会族人之地，为此在第二年五月建成此亭，其目的是体现他尊祖睦族之心，使后人不会视为路人，而能亲密相传。

也就是说，真德秀建"西山精舍"，是奉祀他的先人；而建"睦亭"，是作为族人相聚之所。这就是《睦亭记》中所说的：

余之为是精舍也，以吾王父与吾先人之丘垄在是也。有精舍焉，以奉吾王父先人之丘垄，而春秋飨祀，无以为会吾宗族之地，是知尊尊矣，而未知亲亲也。

应该可以说，尊祖睦族，是真德秀《睦亭记》的撰写主旨，也是建"睦亭"的根本原因。

真德秀不仅在政治上具有远见卓识，在亲族关系延续上，也有独到的观点。正如《睦亭记》中所说：

亲未尽，服未穷，而途人焉，今之俗皆然也，况于亲之尽服之穷而不途人耶！此吾所以虑乎后之人也。今为精舍于斯，欲吾子子孙孙，钦奉其先之祀。又为亭于斯，欲吾子于孙孙，毕其先之祠而相与会聚于斯亭，欢酬欢洽之余，追念本始，而知其所祖之一，则服属虽远，而情不至于疏，情不至于疏，则恩不得而绝，庶其免于相视为途人也。兹吾所望于后之人也。

这段话的大概意思是说，族人之间，一旦时间长了，关系也就疏远了，关系一旦疏远了，即使是大街上遇到，也许也会成为陌路人。所以，我建"睦亭"，就是希望我的子子孙孙，和族人们可以经常在此相聚，一同追溯家族源流。这样，族人之间的感情便不会疏远，就可以避免相互之间成为路人。

真德秀为什么将此亭取名为“睦亭”呢？这个问题就不难理解了，其根本出发点就是“睦族”，所谓“睦族”，就是和睦家族，就是希望族人和睦相处，亲如一家。

关于这个问题，史料上也有记载。

明嘉靖《建宁府志》卷二十载：

睦亭，在长乐里仙阳镇之西山，宋真德秀建，取睦亲之义，德秀自为记，元圮，旧址尚存。

清道光《续修浦城县志》记载：

真文忠公睦亭，在西山精舍侧。按公睦亭自记，其略曰：西山精舍成，明年复作睦亭于池上，以吾先人丘垄在是，欲吾子孙钦奉其先，祀其毕而相与聚会于斯。是精舍与睦亭俱在仙阳西山。

“睦亭”又称“衍义亭”。

据《西山年谱》载：

睦亭成，与门人刘克庄、汤汉、徐华老纂《大学衍义》。由是，遂将“睦亭”改称为“衍义亭”。

《浦城文物》一书记载：

衍义亭，原名睦亭，宋嘉定十五年（1222）真德秀建于浦城仙阳镇西山，意为尊祖睦族。因真德秀著作《大学衍义》在此完成，睦亭遂改称为“衍义亭”。衍义亭故址碑为后人所雕刻，现藏于西山故居内。碑高 1.75 米，宽 0.9 米，厚 0.11 米，碑文为“衍义亭故址”，五字直排，楷书阴刻，刚劲有力。

真德秀“一生短、千载长”

一

这天，几位学生围着真德秀聊天，他们聊人生，聊事业，聊国家，聊民生。其时，一位学生问道：

先生，您学富五车，政绩卓著。请问您是如何做到的呢？

真德秀笑笑，望了望窗外一碧如洗的天空，稍作思索，回答说：

一生短，千载长。不久名位，只久德业。

真德秀的意思是说，对于一个人来说，一生实在是太短暂了，可是千载岁月却十分漫长。一个人的名气也好，地位也罢，都是人间云烟，

转瞬间便将烟消云散；而只有一个人的品德和功绩，才是天地间的青山绿水，千年耸翠，万代流淌。

这里，真德秀通过二组互相对立的概念，“短”与“长”，“不久”与“只久”，告诫学生们，要在有限的人生中，多学习，勤工作，锤炼意志，修炼品德，养就自己心中的浩然正气，为民办实事，为社会作贡献。只有这样，才能将有限的生命延续到无限的历史时空中。

几位学生连连点头，纷纷表态，一定要永远记住先生的话，做一个“不久名位，只久德业”之人。

其中一位叫刘克庄的学生更是大受启发，深以为然。后来，刘克庄在《怀真赵二公一首》诗中，专门提到了这件事：

南塘清谈亹亹，西山至言琅琅。

七略通群书博，一生短千载长。

这首诗的大概意思是说，南塘的清谈流畅自如，西山的至言明亮动人。七略通晓群书广博，一生虽短暂，却留下千载的长久影响。刘克庄认为，真德秀所说的话是至理名言，同时，在诗中，刘克庄也表达了自己的一种人生渴望——要像先生一样，立身正己，勤政为民，千秋流芳。

二

真德秀虽然在世上只度过58载春秋，但“一生短，千载长”却成为他一生最真实的写照——《宋史》为他立传，无数后人研究他的学说，学习他的品质，缅怀他的丰功伟绩。

旁的暂且不说，就说真德秀的家乡浦城，对于这位历史先贤，浦城人民永远怀着深深的敬意，无论是哪个朝代编纂的《浦城县志》，都无不例外的为真德秀记上浓墨重彩的一笔。此外，许多本土的专家学者，点校《大学衍义》，著述《贤臣大儒真德秀传》，撰写数目不菲的学述论文、推介文章……这一切，都证明，家乡人民没有忘记真德秀，真德秀为家乡人民创造的文化财富，我们正在弘扬传承、发扬光大。

三

无论哪个地方，对于道路的命名，都是慎之又慎的，因为，一条道路的命名，不但要承载历史、彰显文化，更要体现人民大众的心理愿望。

浦城县的主街叫“五一三路”，这是为了纪念浦城解放所专门命名的。

《浦城文化大观》记载：

五一三路，因为浦城是1949年5月13日解放的，因而得名。1949年5月，中国人民解放军第二野战军17军51师在政委崔子明、师长闵学腾的率领下越过仙霞关，进入福建。5月12日上午抵达浦城的九牧，当晚到达浦城的西郊，师部设在梦笔山等觉寺内。因为国民党弃城逃跑，13日凌晨，人民解放军鸣枪放炮，震慑敌人，没有受到任何抵抗，兵不血刃解放了浦城。1959年，浦城开辟主街时，为了纪念这一胜利的日子，便把浦城的主街命名为五一三路。

而如果是以人名来进行道路命名，举凡入选者，更是人中之龙、鸟中之凤。

比如，岳飞街位于汉口江岸区，以纪念抗金民族英雄岳飞。岳飞抗金期间常驻武昌，以武昌为岳家军大本营；张之洞路位于武昌，纪念在武汉大兴洋务的湖广总督张之洞，中山大道位于汉口，始建于1906年，是老汉口最重要的商业交通干道，汉口中山大道从西南部的云锦路到东北部的黄浦大街，贯穿整个汉口中心区，以纪念国

父孙中山先生。

有一份文件《浦城县人民政府办公室关于同意城区三条大道更名的批复》〖浦政办〔2012〕61号〗，其中有这样一段文字：

德秀大道：南起兴华路北止点（现千里马加油站），往北经五里塘、楻岭背、七里头至205国道衔接处止，该路通往仙阳镇方向，原门牌曾设为五里塘。为宣传、纪念浦城宋代名人、理学家真德秀，更名为德秀大道。

这段文字说得十分清楚，以真德秀命名的“德秀大道”，就是为了纪念真德秀的。

用真德秀名字来命名浦城的一条大道，是真德秀的光荣，更是浦城人民不忘先贤、赓续文化的生动体现。

四

朱熹是我国古代伟大的哲学家、教育家、思想家和成就卓著的文

学家及诗人，为北宋以来理学之集大成者，被尊为古代理学正宗。他是中国封建社会后期影响最大的思想家，后人将他视为儒学宗师。由于朱熹一生绝大部分学术活动都在福建进行，朱子学形成于福建、成熟于福建，因此“朱子学”也称为“闽学”。

真德秀文化是朱子文化的一个重要组成部分，浦城县朱子文化研究会成立后，便将真德秀文化列入研究重点，并有计划、有步骤地有效开展工作。

2022 年 4 月 13 日，浦城县朱子文化办公室、朱子文化研究会等相关单位的工作人员，来到已完成修复的真德秀故居进行实地调研，为下阶段真德秀纪念馆布馆展陈做各项准备工作。

2023 年 9 月 5 日，按照南平市委、市政府关于“加强朱子文化保护建设、打造朱子文化品牌、加快朱子文化建设”的部署要求，浦城县朱子文化研究会组织相关人员，走进西山故居，参观“真德秀纪念馆”，并与仙阳镇有关领导举行座谈，商议进一步推进真德秀文化打造的有关事宜。

2023 年 9 月 20 日下午，浦城县朱子文化座谈会召开，与会者形成一致共识：真德秀是继朱熹之后的一代大儒，为理学取得正宗地位、成为官方哲学作出重大贡献。因此，挖掘真德秀文化深厚底蕴，打造真德秀文化响亮品牌，我们义不容辞，责无旁贷。

真德秀为自己的家乡，创造了一笔异常丰厚的文化财富，从某种意义上来说，这是一个宝藏，是浦城人民取之不竭、用之不尽的精神源泉。

让我们用数据说话。

据调查，浦城县现存的朱子文化遗存主要有：仙阳镇仙南街萧顗故居、真德秀故居、莲塘镇颜处村真德秀墓、城区龙潭门宋贤真夫子祠、县进修学校院内的南浦书院、忠信镇上同村詹体仁故居、古楼乡叶山村叶文炳故居（叶氏宗祠）、衍义亭故址碑刻、朱文忠公牌位、《萧家族谱》等。有待进一步考证的遗迹有梦笔山房遗迹、杨与立读书处。

以上这些朱子文化遗存，共有16处，其中，与真德秀有密切关联的，占据11处！

后　记

浦城是一个地灵人杰的地方。

1994年版《浦城县志》记载：浦城历代名人辈出，后先辉映。被收录“二十四史”和《清史稿》有29人（其中《宋史》26人，《元史》2人，《清史稿》1人），编入《中国人名大辞典》（商务印书馆1921年版）112人。五代至清已知人物中，有进士172人（其中武进士5人），举人191人（其中明代文举人71人，清代文举人77人、武举人43人），贡生528人（含廪贡95人）。这些科举人物中，再登博学宏词科的有章得象、章杰、徐凤、真德秀4人；状元4人，其中进士第一有五代章文谷、宋章衡，释褐第一有宋周固、祖秀实；进士第三（探花）有宋陈师锡、潘中、杨邦弼3人；会元有宋吴育、章楶2人；解元有宋章授、叶焕、张翘3人。清代及其以前的职官中从七品以上官员有488人，历任职务中：宰辅有宋章得象、吴充、章惇、徐清叟4人，副宰辅有宋吴育、章楶、真德秀、徐荣叟4人；尚书有五代张从晟（工部）、章仁耀（尚书右仆射）、章仁澈（尚书右仆射）、章仁辅（工部）、沈弘（兵部），宋章得象（工部）、张泌（刑部）、邓佐（工部）、祖珪（兵部）、范镗（工部）、周武仲（刑、吏部）、章谊（刑、户部）、徐应龙（刑、吏部）、真德秀（户部）、徐荣叟（礼、吏部）、徐清叟（兵、吏部）、徐莘老（礼部）、陈球（户、礼部）、陈谦（户、礼部），清祖之望（刑部）等20人；检校尚书有五代章仁昉（工部）、章仁嵩、章仁肇、章仁郁4人；还有侍郎21人，总督、

巡抚、布政使（含提举常平、转运使）12 人，知府、知州（含刺史、府尹）93 人，知县（含县令、知县事、县尹、署县）127 人；武职有提督、总兵 4 人，副将 5 人，游击 6 人，都司、守备 21 人。

一个闽北山城古邑，这么多出类拔萃的历史先贤，在中国历史长河中熠熠生辉，足以体现其底蕴深厚，人文鼎盛。

我是生于兹、长于兹的浦城人，长期在宣传文化部门工作，对于浦城先贤，我总是投向敬仰的目光。而在这些浦城先贤中，我花比较长时间、比较多精力，去学习、去研究的对象是真德秀。

我认为，真德秀是浦城先贤中最为杰出的一个代表、最为闪亮的一颗星辰。

在不同的场合，我曾不止一次说，对于浦城文化而言，真德秀总是一个绕不开的话题。讲到浦城八相，真德秀是其中之一；讲到朱子文化，真德秀是著名理学家；讲到农耕文化，真德秀堪称劝农先驱；讲到孝道文化，真德秀孝名远播；讲到诗词文化，真德秀一首《蝶恋花·红梅》技压群芳；讲到古琴文化，真德秀琴论思想独树一帜；讲到古籍文化，真德秀是著名的藏书家；讲到养生文化，真德秀一首《卫生歌》流传至今……

真德秀太雄伟了，他就像一座高山，我们越往上攀登，越感到高山仰止。

真德秀太丰富了，他就像一汪清泉，我们越往下挖掘，越感到深不可测。

研究真德秀的论文、专著不少，孙先英教授所著的《真德秀学术思想研究》，站位高远，钻研深透；孔妮妮教授所著的《真德秀研究》，取材全面，叙述严谨；余奎元先生所著的《贤臣大儒真德秀传》，史料翔实、脉络清晰……按理说，在这么多专家学者面前，我作为一个真德秀文化研究的后学者，实在是不敢再班门弄斧了。

但是，缘于对家乡文化的热爱，缘于对真德秀的敬仰，一年多前的一个夜晚，借着明亮的灯光，听着窗外淅淅沥沥的小雨，我仍然满怀真挚之情，坐在电脑桌前，忐忐忑忑地敲下了书名——《礼敬真德秀》。

我深知，本人不具备研究真德秀学术的高深造诣，也没有掌握极其丰富的真德秀生平资料，我创作《礼敬真德秀》一书，纯粹是为了表达对这位浦城先贤的一种崇敬，一腔怀思，一番发自肺腑的激情荡漾。

因此，我的创作理念是，在浩如烟海的典籍史料中，在专家学者的论文专著里，撷取一朵朵闪亮的浪花，力求以故事的形式，散文的笔调，通俗的语言，打开一扇扇了解真德秀的窗口，将真德秀最精彩的人生、最生动的事迹、最感人的思想，从不同侧面展示给世人，还原再现一个真实感人并具有人间烟火气的真德秀，让更多的人，了解真德秀，敬仰真德秀，学习真德秀，并将真德秀人格风范和精神魅力，显示于世，传之后代。

本书由“一代贤臣真德秀”“一代大儒真德秀”“一代君子真德秀”三个篇章组成总体框架，由数十篇既有密切关联又可独立成篇的文章构就主体内容。此书既不是研究真德秀的学术专著，也不是真德秀的生平传记，只是一本向真德秀深深鞠躬、沉沉致敬的文化散文专集。

在艰辛的创作过程中，我饱含敬仰深情，秉承严谨的学习态度，严肃的写作心态，夜以继日地学习翻阅了大量的文献资料，对于书中的每个章节，每个段落，力求做到有史可依，有史可查，有史可证，以保证真实性和历史性相统一，通俗性与可读性相和谐。同时，我查

找了大量的历史资料图片，真德秀著作的书影，浦城与真德秀相关联的历史遗存，以及浦城人民纪念真德秀的活动照片，将之配与书中，以达到图文并茂之效果。

感谢诸多专家学者，是他们丰硕的研究成果，给我提供了的源源不断的创作滋养，为《礼敬真德秀》一书的面世奠定了坚实的基础。

感谢浦城县朱子文化研究会吴晓琴会长，在我遇到创作瓶颈，数度将半途而废之际，给予了真诚的精神鼓励与力量的支撑。感谢浦城著名文史专家余奎元先生，在我遇到困惑时，给予无私的指导帮助。此外，我还要感谢丁文新女士、陈温萍女士、王光兴先生、沈小明先生、涂治华先生、关继文先生等，他们为我提供了珍贵的资料并提出积极有益的建议。

用散文的笔调撰写历史人物专著，这是我摸石头过河的一次创作实践。虽然我心存敬畏，潜心尽力，数易其稿，但是，由于水平所限，研究不深，时间仓促，本书一定存在诸多不足，敬请批评指正。

甘跃华

2024 年 8 月